Dou
d'an

Marie Leteuré

Photographies Jérôme Bilic

Stylisme Marie Leteuré

À Victoria et Julia,
petites goûteuses
gourmandes

*B*londe, dodue, toujours appétissante, la madeleine est véritablement l'ambassadrice des desserts faits à la maison. Avec émotion, je me souviens de ce qui, lorsque j'étais enfant, me mettait l'eau à la bouche : des cerises anglaises, aussi attirantes que des bonbons, aux poires de curé, en passant par les reines-claudes gorgées de sucre et les pommes jaunes de jardin, juteuses et parfumées. J'étais déjà séduite par tout ce qui peut se transformer en gourmandise ! Mes goûts ont peu changé. Mes cahiers de recettes se sont enrichis, et je trouve toujours aussi délicieux de mettre la main à la pâte, de sentir le parfum d'un gâteau qui cuit, de croquer dans des sablés encore tièdes. Et puis, il y a bien sûr le plaisir d'offrir et de partager… Dans ce livre, vous trouverez des recettes authentiques et sans artifices inutiles, simples et généreuses, pour découvrir ou redécouvrir les parfums délicieux de ces douceurs qui nous enchantent.

Marie Leteuré

Sommaire

Aiguillettes d'orange confites

Pour 60 aiguillettes environ

Préparation 5 min **Cuisson** 1 h 35

■ 2 grosses oranges charnues non traitées ■ 200 g de sucre
■ 15 cl d'eau ■ sucre cristallisé

*B*rossez les oranges sous l'eau très chaude. Coupez le sommet à l'endroit de la queue, puis pelez les oranges en coupant des bandes du haut vers le bas entre la chair et l'écorce : vous obtenez d'une part les oranges pelées, que vous pouvez couper en tranches et servir en salade, d'autre part l'écorce et la peau blanche.

Détaillez l'écorce en aiguillettes, puis faites blanchir ces dernières dans l'eau bouillante pendant 5 minutes. Égouttez-les, remettez-les dans la casserole avec le sucre et l'eau, portez à ébullition et laissez cuire sur feu très doux pendant 1 heure 30. Laissez les aiguillettes d'orange refroidir dans le sirop avant de les égoutter et de les rouler dans du sucre cristallisé.

Mon conseil

Ces aiguillettes se conserveront assez longtemps si elles sont protégées de l'air et de l'humidité. Vous pouvez aussi faire des aiguillettes de pamplemousse.

Baba au rhum

Pour 6 à 8 personnes

Préparation 15 min **Cuisson** 35 min **Repos** 3 h

- 20 g de levure de boulanger fraîche ■ 6 cuil. à soupe de lait
- 250 g de farine ■ 3 œufs ■ 1 cuil. à soupe de sucre ■ 2 pincées de sel
- 100 g de beurre fondu ■ beurre et farine pour le moule
Pour le sirop : 50 cl d'eau ■ 250 g de sucre ■ 8 cuil. à soupe de rhum

*F*aites tiédir le lait et délayez la levure dedans. Mettez la farine, le sucre et le sel dans une jatte, creusez un puits et cassez-y les œufs. Mélangez un peu, ajoutez la levure délayée et remuez vivement jusqu'à ce que la pâte se détache des parois de la jatte.

Ajoutez alors le beurre fondu refroidi et mélangez bien, puis couvrez d'un linge et laissez lever pendant 2 heures près d'une source de chaleur.

Beurrez et farinez un moule à savarin. Mélangez de nouveau la pâte avec une cuillère de bois, versez-la dans le moule et laissez-la lever durant encore 1 heure.

Préchauffez le four à 200 °C (th. 6-7), enfournez et laissez cuire le baba pendant 35 minutes environ. Pendant ce temps, portez à ébullition l'eau additionnée du sucre et laissez bouillir sur feu vif pendant 10 minutes, puis mettez hors du feu et ajoutez le rhum.

Dès que le gâteau est cuit, démoulez-le sur un plat creux et arrosez-le de sirop jusqu'à ce qu'il soit bien imbibé. Réservez-le ensuite au frais jusqu'au moment de le servir, éventuellement accompagné de fruits de saison et de chantilly.

Mon conseil

Il ne faut pas délayer la levure dans du lait trop chaud en pensant aller plus vite, car les cellules vivantes que contient la levure mourraient.

Bavarois au caramel et pain d'épice

Pour 6 à 8 personnes

Préparation 30 min **Cuisson** 15 min **Réfrigération** 1 nuit

200 g de sucre ■ 1 litre de lait entier ■ 10 jaunes d'œuf ■ 8 feuilles de gélatine (16 g) ■ 6 tranches de pain d'épice ■ 30 cl de crème fleurette

La veille, préparez un caramel ambré dans une grande casserole avec 120 g de sucre et un peu d'eau. Ajoutez le lait, en vous protégeant d'éventuelles projections avec des gants isolants et en mettant aussitôt un couvercle. Laissez chauffer le lait au caramel sur feu doux.

Fouettez les jaunes d'œuf et le reste de sucre jusqu'à ce que le mélange blanchisse, puis versez le lait au caramel dessus en mince filet et incorporez-le en remuant sans cesse. Reversez l'ensemble dans la casserole et faites cuire sur feu très doux, sans cesser de remuer, pendant environ 10 minutes. La crème doit napper la cuillère.

Mettez les feuilles de gélatine dans l'eau froide pour les ramollir, égouttez-les entre vos mains et jetez-les dans la crème bouillante, mise hors du feu ; elles doivent fondre aussitôt.

Retirez la croûte du pain d'épice et mixez finement ce dernier à l'aide d'une Moulinette électrique. Mélangez à la crème la plus grande partie du pain d'épice (gardez-en un peu pour le décor), puis laissez refroidir.

Passez un moule à manqué sous l'eau froide et tapissez-le de film alimentaire de façon que celui-ci dépasse largement sur les côtés. Battez la crème fleurette en chantilly. Mélangez-la à la préparation refroidie, versez l'ensemble dans le moule et réservez au frais jusqu'au lendemain.

Juste avant de servir, démoulez délicatement le bavarois sur un plat et saupoudrez-le avec le pain d'épice réservé.

Biscuit roulé à la confiture de fraises et de fraises des bois

Pour 4 à 6 personnes

Préparation 5 min **Cuisson** 15 min

6 œufs ■ 200 g de sucre ■ 100 g de farine ■ 1 sachet de sucre vanillé ■ 1 pincée de sel ■ 40 g de beurre fondu ■ 1 pot de confiture de fraises-fraises des bois ■ sucre glace ■ beurre pour la plaque

Sortez la plaque du four et préchauffez ce dernier à 210 °C (th. 7). Beurrez une grande feuille de papier sulfurisé avant de la poser sur la plaque.

Cassez les œufs et séparez les jaunes des blancs. Fouettez les jaunes avec le sucre jusqu'à ce que le mélange blanchisse, puis incorporez la farine, le sel et le beurre fondu.

Battez les blancs d'œuf en neige ferme et mélangez-les à la préparation précédente, en soulevant. Étalez la pâte sur le papier sulfurisé et lissez la surface avec une spatule.

Faites cuire dans le four pendant 15 minutes. Dès la fin de la cuisson, retournez la pâte sur un torchon propre, roulez le biscuit sur lui-même avec le torchon et laissez-le tiédir.

Déroulez le biscuit, étalez dessus une couche de confiture (plus ou moins épaisse selon votre goût) et roulez-le à nouveau, mais sans le torchon cette fois. Coupez les extrémités pour qu'elles soient nettes et saupoudrez le biscuit roulé de sucre glace avant de servir.

Mon conseil Vous pouvez choisir la confiture qui vous plaît le plus, ou encore étaler une couche de pâte de noisettes de type Nutella.

Biscuit roulé au sucre rose et mascarpone au cassis

Pour 6 à 8 personnes

Préparation 30 min   **Cuisson** 8 min   **Réfrigération** 4 h

4 œufs ■ 135 g de sucre ■ 60 g de farine ■ 40 g de Maïzena ■ 1 noix de beurre ■ 250 g de mascarpone ■ 2 sachets de sucre vanillé ■ 10 cuil. à soupe de confiture de cassis
Pour le décor : 6 cuil. à soupe de sirop de sucre de canne ■ 60 g de sucre rose (voir conseil)

*P*réchauffez le four à 210 °C (th. 7). Beurrez une feuille de papier sulfurisé et posez-la sur la plaque du four (hors de ce dernier).

Cassez les œufs et séparez les jaunes des blancs, puis fouettez les jaunes et 120 g de sucre jusqu'à ce que le mélange blanchisse. Tamisez la farine et la Maïzena au-dessus de la préparation, et mélangez-les à celle-ci en soulevant doucement avec une spatule souple.

Battez les blancs d'œuf en neige ferme avec le reste de sucre (1 cuillerée à soupe) et incorporez-les à la préparation, puis étalez la pâte obtenue sur le papier sulfurisé. Enfournez et laissez cuire pendant 8 minutes.

Mélangez le mascarpone et le sucre vanillé. Sortez le biscuit du four, enveloppez-le aussitôt en l'enroulant avec délicatesse dans un linge propre et laissez-le refroidir pendant quelques minutes.

Déroulez-le alors qu'il est encore tiède et étalez la confiture dessus, puis le mascarpone. Enroulez de nouveau le biscuit sur lui-même (sans le torchon, cette fois), badigeonnez-le de sirop de sucre de canne avec un pinceau à pâtisserie et roulez-le dans le sucre rose. Réservez au frais pendant au moins 4 heures, jusqu'au moment de servir.

Mon conseil

Pour obtenir du sucre rose, rien de plus simple : il suffit de mélanger du sucre cristallisé avec quelques gouttes de colorant rouge.

Biscuit sablé au beurre et aux framboises

Pour 8 personnes

Préparation 10 min **Cuisson** 50 min

330 g de farine ■ 250 g de beurre ■ 110 g de sucre cristallisé ■ 250 g de mascarpone ■ 50 g de sucre glace ■ 1 cuil. à soupe de vanille en poudre ■ 500 g de framboises ■ 6 cuil. à soupe de crème de cassis ■ beurre pour la cuisson

$\mathcal{P}$réchauffez le four à 150 °C (th. 5). Beurrez un moule à tarte.

Mettez la farine, le beurre en morceaux et 90 g de sucre dans le bol d'un robot, puis mixez jusqu'à ce que vous obteniez un mélange sableux. Formez une boule avec cette pâte et étalez-la du bout des doigts dans le moule à tarte, en appuyant bien contre les parois.

Prédécoupez le biscuit en huit parts, en faisant des pointillés dans la pâte avec la pointe d'un couteau. Saupoudrez du reste de sucre cristallisé, enfournez et laissez cuire pendant 50 minutes.

Mélangez le mascarpone, la vanille et le sucre glace avec une cuillère, et réservez au frais. Faites cuire les framboises 5 minutes dans la crème de cassis sur feu doux, mettez hors du feu et laissez tiédir.

Déposez le biscuit sablé sur une grille le temps qu'il refroidisse, puis séparez les huit parts prédécoupées. Servez chaque part nappée de mascarpone et recouverte de framboises.

Mon conseil

Choisissez une très bonne crème de cassis de Dijon, au parfum délicat et à la consistance parfaite, comme celle de Gabriel Boudier.

Biscuit de Savoie

Pour 6 à 8 personnes

Préparation 15 min   **Cuisson** 30 min

4 œufs ■ 125 g de sucre ■ 50 g de farine ■ 50 g de fécule de pomme de terre ■ 40 g de beurre ■ le zeste d'1 citron ■ 1 cuil. à café de jus de citron ■ 1 pincée de sel ■ 1 cuil. à soupe de sucre ■ beurre et farine pour le moule

*P*réchauffez le four à 180 °C (th. 6). Beurrez et farinez un moule à manqué. Faites fondre le beurre et laissez-le tiédir. Cassez les œufs et séparez les jaunes des blancs. Fouettez les jaunes et les 125g de sucre jusqu'à ce que le mélange blanchisse, puis ajoutez le zeste, la farine et la fécule tamisées, en mélangeant délicatement.

Battez les blancs d'œuf en neige ferme avec le sel et le jus de citron ; incorporez à la fin, toujours en fouettant, la cuillerée de sucre. Ajoutez les blancs battus et le beurre à la préparation précédente, en soulevant la masse à l'aide d'une spatule souple.

Versez la pâte dans le moule, enfournez et laissez cuire pendant 30 minutes, puis démoulez le biscuit sur une grille et laissez-le refroidir. Servez-le accompagné d'une soupe de fruits rouges et d'une crème anglaise.

Mon conseil

Si vous souhaitez confectionner un biscuit de Savoie au chocolat, tamisez 4 cuillerées à soupe de cacao non sucré en même temps que la farine et la levure.

Biscuits à la cuillère

Pour 25 biscuits environ

Préparation 15 min   **Cuisson** 15 min

6 œufs ■ 150 g de sucre ■ 1 gousse de vanille ■ 150 g de farine
■ sucre glace ■ ½ citron

*P*réchauffez le four à 180 °C (th. 6). Tapissez la plaque en tôle d'une feuille de papier sulfurisé.

Fendez la gousse de vanille en deux dans le sens de la longueur, retirez les graines noires qu'elle contient en glissant la lame d'un couteau tout du long, puis mettez-les dans une jatte.

Cassez les œufs et séparez les jaunes des blancs. Mettez les jaunes dans la jatte avec le sucre et fouettez jusqu'à ce que le mélange blanchisse et gonfle. Ajoutez ensuite la farine tamisée.

Battez les blancs en neige ferme en leur ajoutant 3 gouttes de jus de citron, puis mélangez-les délicatement à la préparation précédente, en soulevant avec une spatule souple.

Mettez la préparation dans une poche munie d'une douille lisse de 1 cm de diamètre et étalez des boudins de pâte sur le papier sulfurisé, en les espaçant.

Enfournez et laissez cuire pendant 15 minutes, en maintenant la porte du four entrouverte avec une spatule de bois. À l'issue de la cuisson, laissez les biscuits refroidir sur une grille, puis saupoudrez-les d'un nuage de sucre glace juste avant de les servir.

Brioche

Pour 1 grosse brioche ou 6 petites

Préparation 30 min **Repos** 1 h + 24 h + 2 h **Cuisson** 30 ou 45 min

2 cuil. à soupe de lait ■ 20 g de levure de boulanger ■ 175 g de beurre ■ 4 œufs ■ 350 g de farine ■ 2 pincées de sel ■ 25 g de sucre ■ beurre pour la cuisson
Pour la dorure : 1 œuf

*F*aites fondre le beurre, préalablement coupé en petits morceaux, au bain-marie ou au four à micro-ondes. Laissez-le ensuite refroidir.

Faites tiédir le lait et délayez la levure dedans. Battez les œufs entiers dans une jatte, ajoutez le beurre fondu refroidi, la levure, la farine, le sel et le sucre, puis pétrissez la pâte pendant 10 minutes (vous pouvez réaliser cette étape avec un robot pétrisseur). Couvrez la pâte d'un linge et laissez-la lever pendant 1 heure près d'une source de chaleur ou dans le four éteint.

Rompez alors la pâte en la pétrissant à la main, puis remettez-la dans la jatte, couvrez d'un film plastique alimentaire et réservez au frais pendant 24 heures.

Le lendemain, beurrez le ou les moules à brioche, et battez l'œuf en omelette. Façonnez la pâte en une ou six boules selon que vous confectionnez une ou six brioches, puis posez sur chacune une boule plus petite pour former la tête. Badigeonnez avec l'œuf battu à l'aide d'un pinceau, puis laissez lever pendant 2 heures à température ambiante.

Préchauffez le four à 200 °C (th. 6-7) pendant 10 minutes, et badigeonnez à nouveau la ou les brioches d'œuf battu. Baissez la température à 160 °C (th. 5-6), enfournez et faites cuire pendant 30 minutes s'il s'agit de petites brioches, et de 40 à 45 minutes s'il s'agit d'une grande.

Vous pouvez déguster aussi bien tiède que froid, et même saupoudrer les brioches de sucre en gros grains avant la cuisson.

Brownies

Pour 8 personnes

Préparation 15 min   **Cuisson** 30 min

300 g de chocolat noir ■ 240 g de beurre ■ 6 œufs ■ 180 g de sucre ■ 100 g de farine ■ 100 g d'amandes en poudre ■ 1 cuil. à café de cannelle ■ 50 g de cerneaux de noix ■ 50 g d'amandes entières ■ 1 pincée de sel ■ beurre pour le moule

*P*réchauffez le four à 200 °C (th. 6-7). Beurrez un moule carré et tapissez-le de papier sulfurisé beurré. Concassez grossièrement les noix et les amandes entières.

Coupez le chocolat en morceaux et détaillez le beurre en parcelles. Mettez-les dans une jatte, faites-les fondre au four à micro-ondes ou au bain-marie, puis lissez au fouet.

Cassez les œufs et séparez les jaunes des blancs. Fouettez les jaunes et le sucre jusqu'à ce que le mélange blanchisse. Ajoutez les amandes en poudre, la farine, la cannelle, le chocolat et le beurre fondus, et enfin les noix et les amandes concassées. Battez les blancs d'œuf en neige ferme avec le sel, puis mélangez-les délicatement à la préparation.

Versez cette dernière dans le moule, enfournez et laissez cuire pendant 10 minutes. Baissez alors la température à 160 °C (th. 5-6) et prolongez la cuisson de 20 minutes. Laissez refroidir le gâteau avant de le démouler et de le couper en carrés.

Mon conseil

Vous pouvez essayer d'autres fruits secs, comme les noix de pécan, les pistaches ou les noisettes. Vous pouvez aussi les faire griller dans une poêle à sec pour qu'ils dégagent plus de parfum.

Bugnes

Pour 20 bugnes environ

Préparation 10 min **Repos** 1 nuit **Cuisson** 3 min par bain

125 g de farine ■ 25 g de beurre mou ■ 20 g de sucre ■ 1 pincée de sel ■ 1 gros œuf ■ huile neutre pour friture ■ sucre glace

*L*a veille, mettez la farine dans une jatte avec le beurre, le sucre, le sel et l'œuf entier, et mélangez bien du bout des doigts jusqu'à ce que vous obteniez une boule de pâte. Pétrissez-la pendant 1 minute, puis enveloppez-la dans du film alimentaire et réservez au frais une nuit.

Le jour même, farinez votre plan de travail et étalez-y la pâte sur une épaisseur de 3 mm environ. Découpez des bandes de 10 cm de long et de 4 cm de large à l'aide d'une roulette dentelée ou un petit couteau, faites une fente au milieu et passez une des extrémités du rectangle de pâte dans la fente pour obtenir une sorte de nœud (cette façon de faire n'est pas obligatoire, et vous pouvez vous contenter de découper la pâte en losanges).

Faites chauffer le bain de friture à 180 °C. Plongez quelques bugnes dedans et laissez-les frire pendant 3 minutes, en les retournant à mi-cuisson. Égouttez-les ensuite sur du papier absorbant et poudrez-les de sucre glace au fur et à mesure.

Mon conseil

Si vous souhaitez parfumer vos bugnes, ajoutez 2 cuillerées à soupe de rhum, d'eau-de-vie ou d'eau de fleur d'oranger dans la pâte au moment du mélange des ingrédients.

Cake à l'orange

Pour 6 à 8 personnes

Préparation 10 min **Cuisson** 50 min

200 g de beurre ■ 4 œufs ■ 200 g de sucre ■ 1 orange non traitée ■ 200 g de farine ■ ½ sachet de levure ■ beurre pour le moule
Pour le glaçage : 150 g de sucre glace ■ 60 g de beurre

*F*aites fondre le beurre, préalablement coupé en morceaux, au four à micro-ondes ou au bain-marie. Préchauffez le four à 200 °C (th. 6-7). Beurrez un moule à cake et tapissez-le de papier sulfurisé beurré.

Cassez les œufs et séparez les blancs des jaunes. Fouettez les jaunes et le sucre jusqu'à ce que le mélange blanchisse. Brossez l'orange sous l'eau chaude, essuyez-la et râpez son zeste, puis pressez-la pour recueillir son jus. Réservez 2 cuillerées à soupe de ce dernier et ajoutez le reste ainsi que le beurre fondu, les zestes, la farine et la levure au mélange d'œufs et de sucre.

Battez les blancs d'œuf en neige ferme et mélangez-les délicatement à la préparation précédente. Versez la pâte dans le moule, enfournez et laissez cuire pendant 45 à 50 minutes. À l'issue de la cuisson, démoulez le gâteau sur une grille et laissez-le tiédir un peu.

Faites chauffer le jus d'orange réservé avec le sucre glace et le beurre au four à micro-ondes ou au bain-marie. Étalez ce glaçage sur le gâteau tiédi, que vous pourrez servir tiède ou froid.

Mon conseil

Sur les marchés, on trouve parfois des œufs de cane, qui sont délicieux en pâtisserie. Comme ils sont plus gros, deux suffisent dans cette recette.

Cake à la banane

Pour 6 personnes

Préparation 10 min **Cuisson** 1 h

125 g de beurre ■ 2 œufs ■ 120 g de sucre ■ 2 bananes ■ 200 g de farine ■ 4 cuil. à soupe de crème liquide ■ 2 cuil. à café de bicarbonate ■ 2 pincées de sel ■ beurre pour le moule

*P*réchauffez le four à 160 °C (th. 5-6). Beurrez un moule à cake. Faites fondre le beurre au four à micro-ondes.

Mettez les œufs, le sucre et les bananes épluchées dans le bol d'un robot, puis mixez à grande vitesse. Ajoutez le beurre fondu, la farine, la crème, le sel et le bicarbonate, et mixez par à-coups jusqu'à ce que la préparation soit lisse.

Versez la pâte dans le moule, enfournez et faites cuire pendant 1 heure. Laissez tiédir le cake à l'issue de la cuisson, puis démoulez-le sur une grille et laissez-le refroidir.

Mon conseil

Ce gâteau se conservera plusieurs jours, à condition d'être enveloppé dans une feuille de papier d'aluminium.

Cake au chocolat

Pour 6 à 8 personnes

Préparation 10 min **Cuisson** 40 min

100 g de chocolat ■ 200 g de beurre ■ 4 œufs ■ 150 g de sucre ■ 100 g de farine ■ 80 g de Maïzena ■ 2 cuil. à soupe de cacao en poudre non sucré ■ ½ sachet de levure chimique ■ beurre pour le moule

*P*réchauffez le four à 240 °C (th. 8). Beurrez un moule à cake et tapissez-le de papier sulfurisé beurré. Hachez le chocolat et détaillez le beurre en morceaux, puis faites-les fondre ensemble au four à micro-ondes ou au bain-marie.

Cassez les œufs et séparez les jaunes des blancs. Fouettez les jaunes et le sucre jusqu'à ce que le mélange blanchisse, puis ajoutez le chocolat et le beurre fondus. Incorporez alors la farine, la Maïzena, le cacao et la levure, tamisés ensemble, et mélangez bien. Battez les blancs en neige ferme avant de les ajouter à la préparation précédente, en soulevant la masse avec une spatule souple.

Versez la pâte dans le moule, enfournez et laissez cuire pendant 5 minutes, puis réduisez la température à 180 °C (th. 6) et poursuivez la cuisson pendant 30 à 35 minutes. Démoulez le cake, posez-le sur une grille et laissez-le refroidir.

Mon conseil

Vous pouvez ajouter à la pâte, avant les blancs battus, 100 g d'aiguillettes d'orange confites (voir recette p. 10) coupées en petits dés.

Cake
au gingembre confit

Pour 6 à 8 personnes

Préparation 15 min **Cuisson** 50 min

200 g de sucre ■ 4 œufs ■ 220 g de beurre fondu ■ 180 g de farine ■ ½ sachet de levure chimique ■ 125 g d'amandes en poudre ■ 2 cuil. à café de gingembre en poudre ■ 100 g de gingembre confit ■ sucre cristallisé ■ 1 pincée de sel ■ beurre pour le moule

*P*réchauffez le four à 160 °C (th. 5-6). Beurrez un moule à cake et poudrez-le de sucre cristallisé. Coupez le gingembre confit en tout petits dés, que vous roulerez ensuite dans du sucre cristallisé.

Cassez les œufs et séparez les jaunes des blancs. Fouettez les jaunes et le sucre jusqu'à ce que le mélange blanchisse, puis ajoutez le beurre fondu, les amandes en poudre, la farine, la levure et le gingembre moulu.

Battez les blancs d'œuf en neige ferme avec le sel et incorporez-les délicatement à la pâte, en ajoutant le gingembre confit.

Versez la pâte dans le moule, enfournez et faites cuire pendant 50 minutes dans le four. Démoulez sur une grille et laissez refroidir avant de servir.

Cake
aux fruits confits

Pour 6 personnes

Préparation 15 min   **Cuisson** 50 min

3 œufs + 1 jaune ■ 150 g de sucre ■ 200 g de beurre fondu ■ 220 g de farine
■ ½ sachet de levure ■ 80 g de raisins secs blonds ■ 100 g de macédoine
de fruits confits ■ 80 g de cerises confites ■ beurre pour le moule

*P*réchauffez le four à 180 °C (th. 6). Beurrez un moule
à cake et tapissez-le de papier sulfurisé beurré.

Mettez le sucre, les œufs entiers et le jaune dans
le bol d'un robot, et mixez à grande vitesse jusqu'à
ce que le mélange blanchisse. Incorporez alors le
beurre fondu, 160 g de farine et la levure, en mixant
par à-coups.

Transvasez la pâte dans une jatte. Mettez tous les
fruits confits et les raisins secs dans une autre jatte,
ajoutez le reste de farine et roulez les fruits dans
cette dernière avec une spatule pour bien les enrober.

Jetez-les dans la pâte, mélangez délicatement et
versez le tout dans le moule. Enfournez aussitôt et laissez cuire pendant 50 minutes (couvrez le cake d'une
feuille de papier d'aluminium s'il dore trop vite).

Caramels au chocolat

Pour 30 caramels environ

Préparation 20 min   **Cuisson** 5 min

250 g de sucre ■ 25 cl de crème fleurette ■ 1 cuil. à café de miel liquide ■ 250 g de chocolat noir ■ 20 g de beurre

*T*apissez un moule carré de papier sulfurisé huilé ou utilisez un moule en silicone (Flexipan par exemple).

Cassez le chocolat en morceaux et faites-le fondre au four à micro-ondes ou au bain-marie. Mettez le sucre dans une petite casserole avec 5 cuillerées à soupe d'eau, portez sur feu assez vif et laissez bouillir jusqu'à ce que vous obteniez un caramel ambré.

Faites chauffer la crème, puis versez-la sur le caramel, en vous protégeant des projections avec de bons gants isolants. Ajoutez ensuite le miel et la moitié du chocolat fondu, puis faites cuire pendant 5 minutes sur feu doux en remuant sans cesse.

Mettez hors du feu et ajoutez le beurre (détaillé en parcelles), puis le reste de chocolat fondu. Mélangez bien, versez la préparation dans le moule et laissez-la refroidir complètement avant de découper le caramel en carrés. Gardez ces derniers dans un endroit frais et sec.

Mon conseil

Pour envelopper vos caramels, utilisez les carrés de plastique qui servent habituellement à recouvrir les pots de confiture.

Charlotte au chocolat

Pour 6 à 8 personnes

Préparation 30 min **Cuisson** 10 min **Réfrigération** 12 h

50 cl de lait ■ 8 jaunes d'œuf ■ 150 g de sucre ■ 200 g de chocolat noir ■ 6 feuilles de gélatine (12 g) ■ 40 cl de crème fleurette ■ beurre pour le moule ■ sucre glace
Pour les biscuits : 20 biscuits à la cuillère ■ 10 cl de sirop de sucre de canne ■ 4 cuil. à soupe de kirsch

*T*apissez un moule à charlotte de papier sulfurisé beurré. Faites chauffer le lait dans une grande casserole. Fouettez les jaunes d'œuf et le sucre jusqu'à ce que le mélange blanchisse, puis incorporez le lait, versé en mince filet, en remuant doucement. Reversez l'ensemble dans la casserole et faites cuire sur feu doux pendant 10 minutes environ, sans cesser de remuer.

Trempez les feuilles de gélatine dans un bol d'eau froide pour les ramollir, égouttez-les et jetez-les dans la crème chaude, où elles fondent aussitôt. Ajoutez aussi le chocolat haché et remuez jusqu'à ce qu'il soit fondu, puis versez la crème dans une jatte et laissez-la refroidir, en remuant souvent.

Battez la crème fleurette en chantilly et incorporez-la délicatement à la crème refroidie. Mélangez le sirop et le kirsch, trempez rapidement les biscuits à la cuillère dedans et rangez-les les uns à côté des autres dans le moule, côté plat vers l'intérieur. Versez aussitôt la crème, couvrez d'un film et réservez au frais pendant 12 heures.

Mon conseil

Pour servir, démoulez la charlotte en vous aidant du papier sulfurisé, mettez-la sur un plat et saupoudrez-la d'un nuage de sucre glace.

Charlotte aux framboises

Pour 8 à 10 personnes

Préparation 20 min   **Cuisson** 10 min   **Réfrigération** 4 h

20 biscuits à la cuillère ■ 200 g de framboises ■ 50 g de sucre ■ 1 noix de beurre
Pour la crème : 25 cl de lait ■ 4 jaunes d'œuf ■ 80 g de sucre ■ 1 gousse de vanille ■ 4 feuilles de gélatine (8 g)
Pour la chantilly : 20 cl de crème fleurette ■ 50 g de sucre glace
Pour le coulis : 500 g de framboises ■ 150 g de sucre glace ■ 1 citron

*P*réparez la crème : faites chauffer le lait avec la gousse de vanille, fendue en deux dans le sens de la longueur et grattée ; fouettez les jaunes d'œuf et le sucre jusqu'à ce que le mélange blanchisse, puis incorporez le lait en le versant en mince filet, en remuant sans cesse ; retirez la gousse de vanille, reversez l'ensemble dans la casserole et faites cuire sur feu doux en remuant jusqu'à ce que la crème nappe la cuillère, c'est-à-dire pendant environ 8 minutes.

Faites tremper les feuilles de gélatine dans un bol d'eau froide pour les ramollir, essorez-les en les pressant entre vos mains et jetez-les dans la crème, préalablement mise hors du feu. Transvasez la crème dans une jatte et laissez-la refroidir en remuant souvent (pour la refroidir plus rapidement, mettez la jatte dans une bassine plus grande remplie d'eau froide et de glaçons).

Beurrez un moule à charlotte, installez-y les biscuits à la cuillère et coupez-les à ras du bord. Tapissez le fond du moule d'un disque de papier sulfurisé beurré. Mixez les 500 g de framboises avec le sucre glace et le jus du citron. Filtrez ce coulis à l'aide d'une passoire fine pour retirer les graines des framboises, puis réservez-le au frais. Roulez les 200 g de framboises dans les 50 g de sucre. Fouettez la crème en chantilly, en ajoutant le sucre glace à la fin, et incorporez-la délicatement à la crème refroidie.

Mettez un peu de crème dans le fond du moule, déposez la moitié des framboises dessus et recouvrez-les de crème, puis ajoutez l'autre moitié des framboises et terminez par le reste de crème. Tapez doucement le fond du moule sur le plan de travail pour bien tasser la crème, couvrez d'un film alimentaire et réservez au frais pendant au moins 4 heures. Pour servir, démoulez la charlotte sur un plat et servez-la avec le coulis.

Mon conseil Vous pouvez remplacer les framboises, aussi bien dans la charlotte que dans le coulis, par des fraises mara des bois.

Charlotte aux poires

Pour 8 à 10 personnes

Préparation 20 min **Cuisson** 10 min **Réfrigération** 4 h

20 biscuits à la cuillère ■ 200 g de poires au sirop ■ 1 cuil. à soupe de pistaches non salées hachées ■ 1 noix de beurre ■ sucre
Pour la crème : 25 cl de lait ■ 1 gousse de vanille ■ 4 jaunes d'œuf ■ 80 g de sucre ■ 5 feuilles de gélatine (10 g)
Pour la chantilly : 20 cl de crème fleurette ■ 50 g de sucre glace

*F*aites chauffer le lait dans une casserole avec la vanille, fendue en deux et grattée. Fouettez les jaunes d'œuf et le sucre jusqu'à ce que le mélange blanchisse, puis incorporez le lait, versé en mince filet, en remuant sans cesse. Retirez la vanille, reversez la crème dans la casserole et faites-la cuire sur feu doux sans cesser de remuer pendant 8 minutes environ, jusqu'à ce qu'elle nappe la cuillère.

Trempez les feuilles de gélatine dans un bol d'eau froide pour les ramollir, égouttez-les entre vos mains et jetez-les dans la crème, préalablement mise hors du feu. Filtrez la crème à l'aide d'une passoire fine et laissez-la refroidir, en remuant de temps à autre.

Beurrez un moule à charlotte droit (pas côtelé), mettez les biscuits à la cuillère tout autour en les serrant bien et poudrez le fond avec un peu de sucre.

Égouttez les poires, puis coupez-les toutes en dés sauf une (que vous réserverez pour le décor) et mélangez-les à la crème refroidie.

Fouettez la crème fleurette en chantilly, ajoutez le sucre glace à la fin et incorporez-la délicatement à la crème aux poires. Versez la préparation dans le moule et tapotez un peu pour bien tasser la crème, puis couvrez de film plastique alimentaire et réservez au frais pendant au moins 4 heures.

Démoulez la charlotte sur un plat au moment de servir, en trempant le moule dans un peu d'eau chaude. Décorez avec la poire réservée et parsemez de pistaches.

Charlotte aux pommes à l'ancienne

Pour 6 à 8 personnes

Préparation 30 min **Cuisson** 1 h

1 grand pain de mie brioché tranché (500 g) ■ 300 g de beurre ■ 2 kg de pommes (boskoop, de préférence) ■ 80 g de sucre ■ 2 sachets de sucre vanillé ■ 2 cuil. à café de cannelle en poudre ■ beurre pour la cuisson

*P*réchauffez le four à 210 °C (th. 7). Beurrez un moule à charlotte et tapissez-le de papier sulfurisé, beurré lui aussi. Coupez les pommes en quatre, retirez la peau, le cœur et les pépins, puis recoupez chaque quartier en deux.

Coupez 200 g de beurre en morceaux, mettez-les dans une grande poêle antiadhésive avec les pommes, le sucre, le sucre vanillé et la cannelle, et faites cuire sur feu assez vif en remuant souvent pendant environ 20 minutes.

Retirez la croûte du pain brioché et coupez 10 tranches en deux dans le sens de la hauteur. Coupez 5 ou 6 autres tranches en biais de façon à obtenir 10 ou 12 triangles. Mettez 50 g de beurre dans une poêle et faites-y rissoler la moitié des rectangles et des triangles, puis faites de même avec le reste de beurre et l'autre moitié de pain brioché.

Disposez les triangles de pain brioché en rosace dans le fond du moule, et les rectangles tout autour. Remplissez le centre, en tassant un peu, avec les pommes précuites. Mettez le moule dans un moule plus grand rempli d'eau chaude à moitié, enfournez et faites cuire ainsi au bain-marie pendant 40 minutes, puis laissez tiédir et démoulez sur le plat de service choisi.

Mon conseil

Pour rendre cette charlotte encore plus délicieuse, accompagnez-la d'une onctueuse crème anglaise à la cannelle.

Chaussons aux pommes à la cannelle

Pour 6 chaussons

Préparation 20 min **Cuisson** 30 min

600 g de pommes ▪ 50 g de beurre ▪ 80 g de sucre ▪ ½ cuil. à café de cannelle ▪ 300 g de pâte feuilletée commandée chez le pâtissier ▪ 1 œuf ▪ farine

*P*elez les pommes, coupez-les en quatre et retirez-leur le cœur ainsi que les pépins, puis détaillez-les en dés. Faites fondre le beurre dans une sauteuse et ajoutez les dés de pomme pour qu'ils rissolent. Ajoutez alors la moitié du sucre et la cannelle, couvrez et laissez cuire pendant 10 minutes sur feu doux.

Préchauffez le four à 230 °C (th. 7-8). Sortez la plaque du four et passez un peu d'eau dessus. Étalez la pâte feuilletée sur le plan de travail fariné et découpez dedans six disques à l'aide d'un bol retourné, puis battez l'œuf en omelette et badigeonnez-en le tour des disques, à l'aide d'un pinceau. Déposez un peu de compote au centre, rabattez un côté de façon à former le chausson et appuyez bien pour souder les bords. Recommencez l'opération pour les cinq autres disques.

Posez les chaussons sur la plaque humidifiée, baissez la température du four à 200 °C (th. 6-7) et faites cuire pendant 20 minutes.

Environ 5 minutes avant la fin de la cuisson, mélangez le reste de sucre avec 5 cl d'eau et faites bouillir durant 5 minutes dans une petite casserole. Sortez les chaussons du four, déposez-les sur une grille et badigeonnez-les aussitôt avec le sirop chaud, puis laissez-les refroidir.

Mon conseil

Des poires peuvent tout à fait remplacer les pommes dans cette recette ; mettez alors 1 cuillerée à café de vanille en poudre à la place de la cannelle.

Cheese-cake

Pour 6 à 8 personnes

Préparation 15 min **Cuisson** 1 h

Pour la pâte : 150 g de spéculos (ou de biscuits viennois) ■ 150 g de beurre ■ beurre pour le moule

Pour la crème : 500 g de fromage frais (de type Saint-Moret) ■ 250 g de fromage blanc lisse à 40 % de matières grasses ■ 300 g de sucre en poudre ■ 4 œufs ■ 1 cuil. à soupe de vanille liquide

*P*réchauffez le four à 180 °C (th. 6). Beurrez un moule « ceinture » à fond amovible. Coupez le beurre en morceaux. Mettez les biscuits et le beurre dans le bol d'un robot, puis mixez jusqu'à ce que vous obteniez une pâte, que vous étalerez dans le moule en appuyant du bout des doigts. Réservez au frais.

Mettez dans le bol du robot le fromage frais, le fromage blanc, le sucre, les œufs et la vanille, et mixez à grande vitesse jusqu'à ce que la crème soit lisse. Versez cette dernière dans le moule, enfournez et laissez cuire pendant 1 heure.

À l'issue de la cuisson, sortez le cheese-cake du four et laissez-le refroidir avant de le démouler. Réservez-le ensuite au frais jusqu'au moment de le servir.

Mon conseil

Si la surface du cheese-cake colore trop vite, baissez la température du four à 160 °C (th. 5-6) et allongez le temps de cuisson de 5 à 10 minutes.

Chouquettes

Pour 30 chouquettes environ

Préparation 5 min **Cuisson** 30 min

110 g de beurre ▪ 25 cl d'eau ▪ 1 cuil. à soupe de sucre ▪ 1 pincée de sel ▪ 140 g de farine ▪ 3 gros œufs ▪ sucre en gros grains ▪ beurre pour la cuisson

*P*réchauffez le four à 210 °C (th. 7). Sortez la plaque du four et posez dessus une toile de cuisson en silicone (de type Flexipan) ou bien étalez une feuille de papier sulfurisé beurré.

Faites chauffer le beurre, l'eau, le sucre et le sel dans une casserole assez grande. Dès que le beurre est fondu, ajoutez la farine en une fois tout en fouettant vivement jusqu'à ce que la pâte se détache des bords de la casserole. Incorporez alors les œufs un à un, toujours en fouettant.

Déposez des petits tas de pâte sur la toile de cuisson, en les espaçant suffisamment les uns des autres car ils vont gonfler, puis saupoudrez-les de sucre en gros grains. Enfournez, baissez aussitôt la température à 180 °C (th. 6) et laissez cuire pendant 25 à 30 minutes. Servez tiède.

 Mon conseil Maintenir la porte du four légèrement entrouverte avec une spatule de bois pendant la cuisson permet à l'humidité contenue dans les choux de s'échapper.

Choux à la crème

Pour 30 choux environ

Préparation 20 min **Cuisson** 30 min

Pour la pâte : 25 cl d'eau ▪ 125 g de beurre ▪ 1 cuil. à soupe de sucre
▪ 2 pincées de sel ▪ 150 g de farine ▪ 4 gros œufs
Pour la crème : 50 cl de lait ▪ 100 g de sucre ▪ 1 gousse de vanille
▪ 4 jaunes d'œuf ▪ 20 g de farine ▪ 20 g de Maïzena ▪ 25 g de beurre
Pour le glaçage : 100 g de sucre glace ▪ 1 blanc d'œuf ▪ 1 citron
▪ colorant alimentaire au choix

*P*réchauffez le four à 210 °C (th. 7).

Faites chauffer dans une grande casserole l'eau, le beurre détaillé en morceaux, le sucre et le sel. Hors du feu, ajoutez la farine en une seule fois, en fouettant, puis remettez la casserole sur le feu et laissez cuire en remuant vivement jusqu'à ce que la pâte se détache des parois du récipient. Retirez de nouveau la casserole du feu et ajoutez les œufs un à un, en les incorporant au batteur électrique.

Mettez la pâte dans une poche munie d'une douille lisse et disposez des petites boules de pâte côte à côte sur la plaque du four humidifiée (ou sur une toile de cuisson Flexipan), en les espaçant car elles vont gonfler en cuisant.

Enfournez et laissez cuire durant 30 minutes, en maintenant la porte du four entrouverte avec une spatule de bois pour que l'humidité de la pâte puisse s'évaporer.

Pendant ce temps préparez la crème pâtissière. Faites chauffer le lait avec la vanille, préalablement fendue en deux dans le sens de la longueur. Fouettez les jaunes d'œuf et le sucre jusqu'à ce que le mélange blanchisse, puis ajoutez la farine et la Maïzena. Versez le lait chaud sur ce mélange, reversez l'ensemble dans la casserole et laissez épaissir pendant quelques minutes sur feu moyen, en remuant sans cesse. Retirez la crème du feu, ajoutez le beurre et laissez refroidir, en remuant souvent.

Incisez les choux par le dessous et remplissez-les de crème à l'aide d'une petite cuillère ou d'une poche à douille. Mélangez le sucre glace avec le blanc d'œuf, le jus du citron et quelques gouttes du colorant choisi. Nappez de ce glaçage le dessus des choux à l'aide d'un pinceau et laissez sécher à l'air.

Mon conseil

Vous pouvez également préparer un caramel clair et tremper les choux dedans, ou encore garnir les choux de glace à la vanille, les garder quelque temps dans le congélateur et les napper de sauce au chocolat chaude au moment de servir.

Clafoutis aux cerises

Pour 6 à 8 personnes

Préparation de 10 à 20 min **Cuisson** 45 min

1 kg de cerises ■ 30 cl de lait ■ 10 cl de crème fleurette ■ 120 g de farine ■ 150 g de sucre ■ 6 œufs ■ 100 g de beurre fondu ■ 4 cuil. à soupe de sucre cristallisé ■ beurre pour la cuisson

Préchauffez le four à 180 °C (th. 6). Beurrez un plat à four et poudrez-le de sucre cristallisé. Dénoyautez ou non les cerises, selon vos préférences.

Faites chauffer le lait et la crème. Mélangez au batteur ou au fouet la farine et le sucre. Ajoutez les œufs un à un, en fouettant, puis incorporez le beurre fondu, le lait et la crème chauds.

Répartissez les cerises dans le plat, versez la pâte dessus, enfournez et faites cuire pendant 45 minutes environ. Servez tiède ou froid dans le plat de cuisson, après avoir saupoudré le clafoutis de sucre cristallisé.

Mon conseil

De la même façon et dans les mêmes proportions, vous pouvez réaliser cette recette avec des prunes coupées en quatre ou avec des framboises.

Clafoutis aux kiwis

Pour 6 personnes

Préparation 10 min **Cuisson** 45 min

4 ou 5 kiwis ■ 4 œufs ■ 150 g de sucre en poudre ■ 2 cuil. à soupe de farine
■ 20 cl de crème fleurette ■ 1 cuil. à soupe de vanille liquide ■ 2 cuil.
à soupe de rhum ambré ■ 2 cuil. à soupe de sucre cristallisé ■ beurre
pour le moule

*P*réchauffez le four à 150 °C (th. 5). Beurrez un moule
rond en porcelaine et saupoudrez-le de sucre cristallisé.

Pelez les kiwis et coupez-les en quatre dans le
sens de la longueur, puis détaillez ces quartiers en
tranches pour obtenir des triangles et disposez-les
dans le fond du moule.

Fouettez les œufs entiers et le sucre avant
d'ajouter la crème fleurette, la farine, la vanille et le
rhum. Versez délicatement cette pâte sur les kiwis,
enfournez et laissez cuire pendant 45 minutes.
Servez tiède ou froid, dans le moule de cuisson.

Mon conseil

Réservez un kiwi, coupez-le en lamelles fines et disposez
ces dernières sur le clafoutis au bout de 10 minutes de cuisson, car tous les triangles de kiwi seront tombés au fond.

Clafoutis aux poires et aux épices

Pour 6 à 8 personnes

Préparation 20 min **Cuisson** 40 min **Repos** 10 min

8 poires au sirop ■ 1 noix de beurre ■ 3 cuil. à soupe de sucre cristallisé
Pour la crème : 50 cl de lait ■ 1 gousse de vanille ■ 1 étoile de badiane
■ 1 bâton de cannelle ■ 120 g de farine ■ 120 g de sucre ■ 6 œufs
■ 2 cuil. à soupe de rhum

*P*réchauffez le four à 180 °C (th. 6). Beurrez un plat en porcelaine et poudrez-le de sucre cristallisé.

Faites chauffer le lait dans une casserole avec la gousse de vanille (fendue en deux dans le sens de la longueur), la badiane et la cannelle, puis mettez hors du feu, couvrez et laissez infuser pendant 10 minutes.

Fouettez les œufs et le sucre jusqu'à ce que le mélange mousse. Ajoutez la farine, toujours en fouettant, puis le lait filtré. Laissez tiédir avant d'incorporer le rhum.

Coupez les poires en quartiers, rangez-les dans le plat de porcelaine, versez doucement la crème dessus et faites cuire dans le four pendant 40 minutes environ. Servez tiède ou froid, dans le plat de cuisson.

Confiture de bananes à l'orange

Pour 3 pots environ

Préparation 15 min **Cuisson** de 50 min à 1 h

1 kg de chair de banane ■ 800 g de sucre roux ■ 6 oranges ■ 1 citron vert ■ 2 gousses de vanille ■ 1 bâton de cannelle

*F*endez les gousses de vanille en deux dans le sens de la longueur, grattez les graines noires qu'elles contiennent et mettez-les, ainsi que les gousses, dans un faitout.

Brossez une orange sous l'eau chaude et prélevez un ruban de zeste à l'aide d'un économe. Pressez toutes les oranges et le citron, et versez le jus obtenu dans le faitout.

Ajoutez le ruban de zeste, les bananes coupées en rondelles, le sucre et la cannelle. Portez à ébullition et faites cuire à découvert en remuant souvent pendant 50 minutes à 1 heure.

Mettez la confiture dans des pots et ajoutez dans chacun d'eux un morceau de cannelle et un bout de gousse de vanille.

Mon conseil On peut réaliser cette recette avec des bananes plus exotiques, celles à la peau rouge, délicieuses.

Confiture de lait

Pour 8 à 10 personnes

Préparation 1 min   **Cuisson** 3 h

1 boîte de lait concentré sucré Nestlé de 400 g

*M*ettez la boîte de lait concentré fermée dans un grand faitout et remplissez ce dernier d'eau froide de façon que la boîte soit largement recouverte.

Portez à ébullition et faites cuire pendant 3 heures, en veillant à remettre de l'eau de temps en temps au fur et à mesure de son évaporation (vous pouvez aussi mettre la boîte fermée dans un autocuiseur ; la cuisson dure alors 1 heure seulement).

Laissez refroidir complètement, puis ouvrez la boîte, remuez la confiture et mettez-la dans de jolis pots.

Mon conseil

Dégustez la confiture de lait sur des tartines de pain ou avec du pain perdu, dans les yaourts ou nature.

Confiture de petites fraises à la vanille et à la menthe

Pour 6 pots environ

Préparation 20 min **Cuisson** 20 min **Repos** 1 h + 24 h

1,5 kg de petites fraises ■ 1 kg de sucre ■ 1 citron ■ 2 gousses de vanille ■ 12 feuilles de menthe

*É*queutez les fraises, mettez-les dans une jatte avec le sucre, le jus du citron et les gousses de vanille, préalablement fendues en deux dans le sens de la longueur. Mélangez bien et laissez reposer pendant 1 heure, en remuant souvent.

Versez l'ensemble dans une casserole et portez à ébullition sur feu vif. Dès les premiers bouillons, remuez, retirez du feu et transvasez dans la jatte, puis couvrez et laissez reposer jusqu'au lendemain.

À l'aide d'une écumoire, sortez les fruits de la jatte. Versez le jus dans une casserole et faites cuire jusqu'à ce qu'une goutte de jus se fige sur une assiette (comptez 20 minutes environ).

Remettez alors les fraises dans la casserole et retirez du feu. Remplissez les pots, ajoutez un tiers de gousse de vanille et 2 feuilles de menthe dans chacun d'eux, puis fermez-les bien et rangez-les, à l'abri de la lumière.

Mon conseil
Si les fraises sont trop grosses, coupez-les en deux ou en quatre.

Cookies au chocolat

Pour 25 cookies environ

Préparation 5 min   **Cuisson** 8 min

100 g de beurre mou ■ 100 g de sucre ■ 100 g de cassonade ■ 1 cuil. à café de vanille liquide ■ ½ cuil. à café d'eau ■ 1 œuf ■ 220 g de farine ■ 1 pincée de sel ■ ½ cuil. à café de bicarbonate de soude ■ 150 g de chocolat noir ■ beurre pour le moule

*P*réchauffez le four à 180 °C (th. 6). Sortez la plaque du four et tapissez-la de papier sulfurisé beurré, ou bien utilisez une toile de cuisson en silicone (de type Flexipan).

Dans une jatte, mélangez intimement le beurre, les sucres, la vanille, l'eau et l'œuf, puis ajoutez la farine, le bicarbonate, le sel et le chocolat, préalablement râpé avec la râpe à gros trous. Si la pâte vous semble trop liquide, ajoutez un peu de farine.

Disposez des petits tas de pâte sur la plaque du four, en les espaçant suffisamment car ils gonflent à la cuisson. Enfournez et laissez cuire pendant 8 minutes environ : les bords doivent être un peu bruns, et le milieu rester moelleux. Laissez refroidir sur une grille avant de servir.

Crème caramel

Pour 6 à 8 personnes

Préparation 5 min   **Cuisson** 45 min

1 litre de lait entier ■ 2 gousses de vanille ■ 4 œufs + 8 jaunes
■ 180 g de sucre

Pour le caramel : 110 g de sucre ■ 4 cuil. à soupe d'eau

$\mathcal{P}$réchauffez le four à 200 °C (th. 6-7). Préparez un caramel en faisant bouillir dans une casserole le sucre et l'eau pendant 5 minutes environ. Versez le caramel dans un moule à manqué, et tournez ce dernier dans tous les sens pour bien répartir le caramel sur le fond et les bords (utilisez des gants isolants pour vous protéger de la chaleur).

Fendez les gousses de vanille en deux dans le sens de la longueur. Grattez les petites graines noires aromatiques qu'elles contiennent, mettez-les dans une casserole avec les gousses ouvertes et le lait, et faites chauffer sur feu doux.

Mélangez les œufs entiers et les jaunes avec le sucre sans faire mousser, puis incorporez en remuant doucement le lait, versé en mince filet. Filtrez la préparation à l'aide d'une passoire et transvasez-la dans le moule caramélisé.

Placez le moule dans un moule plus grand rempli d'eau chaude à moitié, enfournez et laissez cuire au bain-marie pendant 40 minutes. Laissez tiédir la crème caramel à l'issue de la cuisson, puis démoulez-la sur le plat de service choisi. Servez tiède ou froid.

Mon conseil

La vanille peut être remplacée par le zeste d'un citron non traité (ou celui d'une orange), blanchi dans de l'eau bouillante pendant 2 minutes ; recommencez cette opération trois fois avant d'ajouter le zeste dans le lait.

Crème au citron

Pour 2 pots

Préparation 5 min   **Cuisson** 15 min

3 citrons jaunes non traités ■ 200 g de sucre ■ 4 œufs ■ 1 cuil. à café de Maïzena ■ 100 g de beurre

*B*rossez les citrons sous l'eau chaude, puis essuyez-les, râpez finement leur zeste et pressez-les.

Battez les œufs avec le sucre. Ajoutez la Maïzena, le jus et le zeste des citrons, mélangez et versez l'ensemble dans une casserole à fond épais.

Ajoutez alors le beurre, coupé en petits morceaux, posez la casserole sur feu moyen et faites chauffer en remuant, puis baissez le feu et laissez mijoter pendant 15 minutes.

À l'issue de la cuisson, versez la préparation dans une jatte et laissez-la refroidir, en remuant souvent. Mettez cette crème au citron en pots et conservez-la au frais.

Mon conseil

Utilisez cette crème pour la réalisation de la tarte au citron ou dégustez-la nature, avec des fruits rouges ou du fromage blanc. Elle se conserve assez longtemps à condition d'être rangée dans le réfrigérateur.

Crèmes à la vanille

Pour 12 ramequins environ

Préparation 10 min **Cuisson** 30 min

4 gousses de vanille ■ 60 cl de lait ■ 30 cl de crème fleurette ■ 9 jaunes d'œuf ■ 200 g de sucre

*P*réchauffez le four à 180 °C (th. 6). Préparez un grand récipient (ou deux plus petits) pouvant contenir douze ramequins, et mettez au fond une feuille de papier journal pliée en quatre. Passez les ramequins sous l'eau froide avant de les poser dans le récipient, sans les essuyer. Faites chauffer de l'eau et maintenez-la frémissante jusqu'au moment de la verser dans le récipient pour la cuisson au bain-marie.

Fendez les gousses de vanille en deux dans le sens de la longueur, prélevez les petites graines noires qui sont à l'intérieur avec la lame d'un couteau et mettez-les dans une grande casserole avec les gousses ouvertes, le lait et la crème. Faites chauffer jusqu'au premier bouillon, puis retirez du feu et laissez infuser pendant quelques minutes à couvert.

Pendant ce temps, mélangez les jaunes d'œuf et le sucre au fouet sans faire mousser. Versez le lait en mince filet sur ce mélange en remuant sans cesse, puis filtrez la préparation à l'aide d'une passoire et répartissez-la dans les ramequins.

Enfournez le récipient contenant les ramequins, versez l'eau chaude jusqu'à mi-hauteur de ces derniers et faites cuire pendant 30 minutes. Laissez tiédir, puis réservez au frais jusqu'au moment de servir.

Mon conseil Le fait de mettre une feuille de papier journal dans le fond du bain-marie avant de cuire les crèmes permet de diffuser une chaleur plus douce, qui n'altérera pas la texture des crèmes.

Crèmes au chocolat

Pour 6 à 8 personnes

Préparation 5 min **Cuisson** 10 min **Réfrigération** 2 h

250 g de chocolat noir ■ 20 cl d'eau minérale ■ 30 cl de crème fleurette ■ 80 g de beurre ■ 80 g de sucre

*C*assez le chocolat en morceaux dans une casserole, puis ajoutez l'eau et 20 cl de crème fleurette. Portez à ébullition et laissez bouillir pendant 10 minutes.

Pendant ce temps, préparez un caramel en chauffant le sucre additionné de 2 cuillerées à soupe d'eau sur feu vif. Retirez du feu dès que vous avez obtenu un caramel ambré, incorporez ce dernier au mélange au chocolat et ajoutez le reste de crème et le beurre, préalablement coupé en petits morceaux.

Remuez bien jusqu'à ce que la préparation soit lisse, répartissez-la dans des coupelles et mettez au frais pour au moins 2 heures.

Mon conseil

Au moment de servir, vous pouvez saupoudrer les crèmes de cacao ou les parsemer de copeaux de chocolat noir faits à l'aide d'un couteau économe.

Crèmes au chocolat à l'ancienne

Pour 6 personnes

Préparation 5 min **Cuisson** 30 min

50 cl de lait entier ▪ 10 cl de crème fleurette ▪ 6 jaunes d'œuf ▪ 120 g de sucre en poudre ▪ 40 g de cacao en poudre

*P*réchauffez le four à 180 °C (th. 6). Passez six ramequins sous l'eau froide. Posez une feuille de papier journal pliée en quatre dans le fond d'un plat à four pouvant contenir tous les ramequins, et mettez ces derniers dedans sans les essuyer. Portez de l'eau à ébullition pour le bain-marie.

Faites chauffer le lait et la crème dans une casserole. Mélangez les jaunes d'œuf et le sucre sans les faire blanchir, ajoutez le cacao en poudre, puis versez le lait et la crème en mince filet, en remuant sans cesse mais doucement pour ne pas faire mousser la préparation.

Filtrez la crème obtenue au travers d'une passoire fine et répartissez-la dans les ramequins. Versez l'eau chaude jusqu'à mi-hauteur des ramequins, enfournez et laissez cuire pendant 30 minutes.

À l'issue de la cuisson, laissez les crèmes refroidir dans leur bain-marie, puis réservez-les au frais jusqu'au moment de servir.

Crèmes au thé vert

Pour 6 personnes

Préparation 10 min **Cuisson** 40 min

60 cl de lait entier ■ 20 cl de crème fleurette ■ 1 cuil. à café de feuilles de thé vert ■ 150 g de sucre ■ 8 jaunes d'œuf

*P*réchauffez le four à 180 °C (th. 6).

Faites chauffer ensemble le lait et la crème, puis ajoutez le thé, couvrez et laissez infuser pendant 5 minutes hors du feu. Filtrez à l'aide d'une passoire fine.

Mélangez les jaunes d'œuf et le sucre avec un fouet, sans faire mousser, et incorporez-leur le lait chaud versé en mince filet, en remuant.

Passez six gros ramequins sous l'eau froide et posez-les sans les essuyer dans un grand plat, allant au four, rempli d'eau chaude à moitié. Versez la préparation dans les ramequins, enfournez et faites cuire au bain-marie pendant 35 minutes environ.

Laissez refroidir dans le plat, puis réservez au frais jusqu'au moment de servir.

Crèmes brûlées

Pour 8 crèmes environ

Préparation 5 min **Cuisson** 1 h 15 **Réfrigération** 1 nuit

12 jaunes d'œuf ■ 4 gousses de vanille ■ 120 g de sucre ■ 50 cl de crème fleurette ■ 40 cl de lait entier ■ sucre cristallisé

*L*a veille, préchauffez le four à 100 °C (th. 3-4). Passez huit larges ramequins sous l'eau froide et disposez-les, sans les essuyer, dans un grand plat (pouvant contenir tous les ramequins en même temps) rempli d'eau chaude et à moitié placé dans le four.

Fendez les gousses de vanille en deux dans le sens de la longueur, grattez les graines noires aromatiques qu'elles contiennent avec le dos d'un petit couteau et mettez-les dans une jatte. Ajoutez les jaunes d'œuf et le sucre, remuez, puis incorporez le lait et la crème. Remuez sans faire mousser jusqu'à ce que le sucre soit dissous.

Filtrez la préparation à l'aide d'une passoire fine et répartissez-la dans les ramequins sur 1,5 cm d'épaisseur. Enfournez et faites cuire au bain-marie pendant 1 h 15, puis laissez refroidir, recouvrez les ramequins de film plastique et mettez-les au frais jusqu'au lendemain.

Juste avant de servir, saupoudrez les crèmes d'une cuillerée à soupe de sucre cristallisé et cara-

mélisez-les à l'aide d'un fer à caraméliser très chaud, ou en les passant rapidement sous la voûte du four en position gril, ou encore au chalumeau (le plus efficace, mais qui doit être utilisé avec précaution). Servez aussitôt.

Mon conseil

Rincez et essuyez les gousses de vanille, faites-les sécher à l'air ou à four doux, puis mixez-les très finement à l'aide d'une petite Moulinette électrique avec 50 g de sucre glace. Passez ensuite le tout au travers d'une passoire : vous obtenez un sucre glace délicatement parfumé, à utiliser pour saupoudrer les tartes ou pour sucrer des fruits cuits.

Crèmes brûlées au lait de coco

Pour 8 personnes

Préparation 10 min **Cuisson** 1 h 15 **Réfrigération** 1 nuit

7 jaunes d'œuf ■ 2 gousses de vanille ■ 150 g de sucre en poudre ■ 40 cl de crème fleurette ■ 30 cl de lait de coco ■ cassonade

*L*a veille, fendez les gousses de vanille en deux dans le sens de la longueur, grattez les petites graines noires qu'elles contiennent et mettez-les dans une casserole. Ajoutez les gousses, la crème et le lait de coco, et faites chauffer sur feu doux.

Préchauffez le four à 120 °C (th. 4). Passez des ramequins larges et peu hauts sous l'eau froide ; ne les essuyez pas.

Mélangez les jaunes d'œuf et le sucre au fouet sans faire mousser, puis incorporez le liquide chaud mais non bouillant, en remuant sans cesse. Filtrez la préparation à l'aide d'une passoire, répartissez-la dans les ramequins et faites cuire dans le four au bain-marie pendant 35 minutes.

Réduisez alors la température à 100 °C (th. 3-4) et prolongez la cuisson de 40 minutes. Sortez les crèmes du four et laissez-les refroidir, puis réservez-les au frais toute la nuit.

Juste avant de servir, saupoudrez les crèmes de cassonade et passez-les très rapidement sous la voûte du four en position gril, ou bien utilisez un fer à caraméliser ; le plus efficace reste le chalumeau, à utiliser avec précaution.

Crumble framboises-myrtilles

Pour 6 personnes

Préparation 10 min **Cuisson** 50 min

500 g de framboises ▪ 500 g de myrtilles ▪ beurre pour le moule
Pour la pâte : 100 g de farine ▪ 100 g de beurre froid ▪ 100 g de sucre
▪ 100 g d'amandes en poudre

*P*réchauffez le four à 200 °C (th. 6-7). Beurrez un plat à gratin.

Mettez la farine, le beurre, le sucre et les amandes en poudre dans le bol d'un robot, puis mixez à grande vitesse jusqu'à ce que vous obteniez un mélange sableux.

Mélangez les fruits dans le plat beurré, répartissez la préparation précédente dessus et secouez un peu le plat pour lisser la surface. Enfournez et laissez cuire pendant 50 minutes.

Servez tiède, dans le plat de cuisson, avec de la crème fraîche épaisse proposée à part.

Mon conseil

Vous pouvez enrichir la pâte d'une cuillerée à café rase de cannelle, et utiliser du sucre roux.

Crumble pommes-fraises-rhubarbe

Pour 6 personnes

Préparation 20 min **Cuisson** 50 min

6 pommes ■ 300 g de rhubarbe ■ 250 g de fraises ■ 40 g de sucre
■ 40 g de beurre ■ beurre pour le moule
Pour la pâte : 50 g de farine ■ 100 g de biscuits à la cannelle (de type
spéculos) ■ 50 g de sucre roux ■ 100 g de beurre

*P*réchauffez le four à 240 °C (th. 8). Pelez les pommes,
coupez-les en dés et faites-les précuire à feu doux dans
une sauteuse avec le beurre pendant 10 minutes.
Épluchez la rhubarbe, coupez-la en tronçons et faites-
la cuire dans une casserole avec le sucre et 3 cuillerées à soupe d'eau pendant 5 minutes. Équeutez les
fraises, coupez-les en deux ou en quatre suivant leur
taille.

Mettez les biscuits, le sucre roux, le beurre et la
farine dans le bol d'un robot, et mixez jusqu'à ce que le
mélange soit sableux. Mélangez les fruits, mettez-les
dans un plat à four beurré et recouvrez-les avec la pâte.

Enfournez et laissez cuire pendant 10 minutes,
puis baissez la température à 180 °C (th. 6) et poursuivez la cuisson pendant 30 minutes. Servez tiède,
dans le plat de cuisson, avec un peu de crème fraîche
épaisse ou de crème anglaise.

Crumble de noix de pécan aux mangues et aux bananes

Pour 6 personnes

Préparation 20 min **Cuisson** 50 min

6 bananes ∎ 2 mangues ∎ 40 g de beurre ∎ 40 g de sucre roux ∎ beurre pour le moule
Pour la pâte : 100 g de farine ∎ 100 g de sucre roux ∎ 100 g de beurre froid ∎ 1 cuil. à café de cannelle ∎ ½ cuil. à café de gingembre en poudre ∎ 60 g de noix de pécan

*P*réchauffez le four à 240 °C (th. 8). Pelez les fruits, coupez les mangues en dés et les bananes en rondelles, puis faites revenir le tout dans une poêle sur feu vif avec le beurre et le sucre pendant 5 minutes, en remuant sans cesse.

Pour la pâte, mettez la farine, le beurre (détaillé en morceaux), le sucre, la cannelle, le gingembre et les noix de pécan dans le bol d'un robot, et mixez jusqu'à ce que vous obteniez un mélange sableux.

Disposez les fruits dans un plat à four beurré, recouvrez-les de la pâte et enfournez. Laissez cuire pendant 10 minutes, puis réduisez la température à 180 °C (th. 6) et poursuivez la cuisson pendant 30 minutes encore.

Servez tiède, dans le plat de cuisson, avec un peu de crème fraîche ou de crème chantilly, que vous monterez avec 25 cl de crème liquide, 50 g de sucre glace et 4 cuillerées à soupe de noix de coco râpée.

Mon conseil

Pour une saveur plus exotique, le sucre roux peut être remplacé par de la vergeoise blonde, dans les mêmes proportions.

Étoiles au chocolat blanc

Pour 20 étoiles environ

Préparation 30 min **Cuisson** 45 min **Repos** 1 h

200 g de chocolat blanc ▪ 100 g de crème fraîche ▪ 100 g de beurre ▪ 4 œufs ▪ 100 g de sucre glace ▪ 100 g de farine ▪ beurre pour le moule
Pour le glaçage : 50 g de sucre glace ▪ ½ citron ▪ 1 petit blanc d'œuf

*P*réchauffez le four à 180 °C (th. 6). Beurrez un moule carré ou rond assez grand. Cassez le chocolat en morceaux et détaillez le beurre en parcelles.

Faites fondre le chocolat avec la crème et le beurre au four à micro-ondes ou au bain-marie. Mélangez au fouet pour lisser la préparation, ajoutez le sucre glace, puis les œufs entiers (un à un) et enfin la farine. Versez cette pâte dans le moule, enfournez et laissez cuire pendant 40 minutes environ.

Démoulez le gâteau sur une grille, laissez-le refroidir et découpez autant d'étoiles que vous le pourrez à l'aide d'un emporte-pièce.

Mélangez le blanc d'œuf, le sucre glace et quelques gouttes de jus de citron pour obtenir une crème assez épaisse ; si elle est trop liquide, ajoutez du sucre glace, et si elle est trop épaisse du jus de citron. Étalez une couche de crème sur les étoiles à l'aide d'un pinceau, d'une spatule ou d'une petite cuillère, puis laissez sécher à l'air pendant au moins 1 heure avant de déguster.

Faisselle aux fruits secs, caramel au beurre salé

Pour 6 personnes

Préparation 5 min la veille, 5 min le jour même **Cuisson** 5 min

6 fromages blancs en faisselle (à 40 % de matières grasses) ■ 300 g de fruits secs mélangés (abricots, raisins, pruneaux) ■ 50 cl d'eau ■ 1 cuil. à soupe de thé en vrac ■ 60 g d'amandes (ou de noisettes) entières Pour le caramel : 100 g de sucre ■ 100 g de beurre au sel de Guérande ■ 30 g de crème fleurette (3 cuil. à soupe)

*L*a veille, préparez les fruits : portez l'eau à ébullition, jetez le thé dedans hors du feu et laissez infuser pendant 5 minutes à couvert ; mettez les fruits secs dans une jatte, puis versez le thé chaud par-dessus, en le filtrant à l'aide d'une passoire. Préparez ensuite les faisselles : sortez-les de leur pot, placez-les sur une assiette creuse et couvrez-les de film alimentaire, puis laissez-les s'égoutter jusqu'au lendemain.

Le jour même, concassez grossièrement les amandes ou les noisettes. Égouttez les fruits. Juste avant de servir, faites cuire le beurre, la crème et le sucre sur feu doux jusqu'à ce que vous obteniez un caramel, que vous lisserez en le remuant avec une cuillère de bois.

Démoulez une faisselle dans chaque assiette, disposez quelques fruits secs autour, nappez de caramel au beurre et parsemez le tout d'amandes concassées.

Pour une texture plus aérienne, vous pouvez mélanger le fromage blanc égoutté à 20 cl de crème fleurette battue en chantilly avec 40 g de sucre glace.

Far aux cerises

Pour 6 personnes

Préparation de 5 à 15 min **Cuisson** 45 min

300 g de cerises bien mûres ■ 100 g de farine ■ 120 g de sucre
■ 2 sachets de sucre vanillé ■ 4 œufs ■ 25 cl de lait ■ 25 cl de crème
fleurette ■ 1 noix de beurre ■ sucre cristallisé

*P*réchauffez le four à 180 °C (th. 6). Beurrez un plat à
gratin, saupoudrez-le de sucre cristallisé et remuez-le
dans tous les sens pour bien répartir le sucre.

Dénoyautez ou non les cerises, selon vos goûts :
le far aura plus de saveur si vous laissez les noyaux ;
il sera plus facile à manger si vous les retirez.

Mélangez la farine, le sucre et le sucre vanillé dans une jatte, puis ajoutez les œufs entiers un à un, en remuant avec un fouet. Versez le lait et la crème, en fouettant sans cesse pour éviter les grumeaux (vous pouvez réaliser cette étape avec un blender, la pâte sera parfaite).

Transvasez ce mélange dans le plat, ajoutez les cerises par-dessus, enfournez et faites cuire pendant 45 minutes. Saupoudrez le far de sucre cristallisé avant de le servir, tiède.

Mon conseil

Pour une pâte plus onctueuse, ajoutez en même temps que le lait et la crème 40 g de beurre fondu refroidi.

Far aux pruneaux

Pour 6 personnes

Préparation 10 min **Cuisson** 45 min **Repos** 1 h

250 g de pruneaux moelleux dénoyautés ▪ 1 cuil. à soupe de thé de Ceylan ▪ 100 g de farine ▪ 140 g de sucre ▪ 5 œufs ▪ 1 cuil. à café de vanille en poudre ▪ 50 cl de lait ▪ 2 cuil. à soupe de rhum ambré ▪ beurre pour le moule ▪ sucre cristallisé

*P*réchauffez le four à 200 °C (th. 6-7). Beurrez un plat à gratin et saupoudrez-le de sucre cristallisé.

Mettez les pruneaux dans une jatte. Portez 1 litre d'eau à ébullition, puis mettez hors du feu et jetez le thé dans l'eau. Couvrez et laissez infuser pendant 5 minutes avant de verser le thé, en le filtrant, sur les pruneaux. Laissez-les reposer pendant 1 heure et égouttez-les.

Mettez la farine, le sucre et la vanille dans une jatte. Ajoutez les œufs entiers un à un en fouettant, puis le lait et le rhum sans cesser de fouetter.

Versez la pâte dans le plat, ajoutez les pruneaux égouttés dessus, enfournez et laissez cuire pendant 10 minutes. Baissez alors la température à 180 °C (th. 6) et poursuivez la cuisson pendant 35 minutes. Servez tiède ou froid, dans le plat de cuisson.

Feuilletés au sucre

Pour 20 feuilletés environ

Préparation 5 min **Cuisson** de 5 à 10 min

1 pâte feuilletée à étaler ▪ 1 jaune d'œuf ▪ 2 cuil. à soupe de lait ▪ sucre cristallisé ▪ 1 noix de beurre ▪ farine

*S*ortez la plaque en tôle du four et tapissez-la d'une feuille de papier sulfurisé beurré. Préchauffez le four à 240 °C (th. 8).

Étalez la pâte en un grand rectangle sur un plan de travail fariné. Mélangez avec une fourchette le

jaune d'œuf et le lait, puis badigeonnez de ce mélange la surface de la pâte avec un pinceau de cuisine et saupoudrez-la de sucre cristallisé. Découpez ensuite la pâte en bandes de 1 cm de largeur.

Déposez les bandes de pâte sur la plaque du four, en les espaçant car la pâte gonfle en cuisant. Enfournez, baissez immédiatement la température à 200 °C (th. 6-7) et laissez cuire pendant 5 à 10 minutes. Servez tiède ou froid, pour accompagner des crèmes.

Mon conseil

Vous pouvez saupoudrer les feuilletés de sucre aromatisé à la cannelle ou à l'orange, ou encore de sucre de canne à la vanille ; ces sucres sont vendus au rayon « aide à la pâtisserie » de certains supermarchés.

Financiers

Pour 20 financiers environ

Préparation 10 min **Cuisson** 20 min

200 g de beurre ■ 6 blancs d'œuf ■ 200 g de sucre glace ■ 80 g de farine ■ 80 g d'amandes en poudre ■ 1 cuil. à café de miel ■ 50 g d'amandes effilées ■ beurre et farine pour les moules

*F*aites chauffer le beurre dans une casserole posée sur feu vif jusqu'à ce qu'il prenne une belle couleur dorée et sente la noisette grillée. Retirez alors la casserole du feu et laissez tiédir.

Préchauffez le four à 190 °C (th. 6-7). Beurrez et farinez des moules à financier (sauf si vous utilisez une plaque d'empreintes à financiers en silicone, qui ne nécessite ni beurre ni farine).

Fouettez légèrement les blancs d'œuf pour qu'ils moussent, ajoutez le sucre glace, la farine, les amandes et le miel, puis le beurre noisette tiédi. Fouettez ensuite la préparation jusqu'à ce qu'elle soit lisse.

Remplissez les moules, parsemez les financiers d'amandes effilées et faites-les cuire pendant 15 à 20 minutes, puis démoulez-les sur une grille et laissez-les refroidir.

Mon conseil
À la place des amandes, vous pouvez utiliser, dans les mêmes proportions, des noisettes ou des pistaches réduites en poudre et effilées.

Flan nature

Pour 6 personnes

Préparation 10 min   **Cuisson** 25 ou 30 min

75 cl de lait ■ 25 cl de crème fleurette ■ 6 œufs ■ 100 g de Maïzena
■ 150 g de sucre ■ 1 noix de beurre

$\mathcal{P}$réchauffez le four à 200 °C (th. 6-7). Faites chauffer le lait et la crème fleurette dans une casserole. Beurrez un grand plat à four ou des ramequins.

Fouettez les œufs entiers et le sucre jusqu'à ce que le mélange mousse et gonfle. Ajoutez la Maïzena tamisée et mélangez, puis incorporez doucement le lait chaud, versé en mince filet.

Reversez l'ensemble dans la casserole et faites cuire sur feu doux jusqu'à ce que la crème devienne épaisse, en remuant sans cesse.

Répartissez-la dans les ramequins ou versez-la dans le grand plat, enfournez et laissez cuire pendant 25 minutes pour les petits flans, 30 minutes pour le grand. Servez froid.

Mon conseil — Pour le flan pâtissier, faites cuire à blanc une pâte brisée pendant 10 minutes, puis versez la crème dans le fond de pâte et prolongez la cuisson de 30 minutes.

Fleurs de lilas cristallisées

Pour une poignée de fleurs

Préparation 10 min **Cuisson** 1 h
1 poignée de fleurs de lilas ■ 1 blanc d'œuf ■ sucre

$\mathcal{P}$réchauffez le four à 90 °C (th. 3). Séparez les fleurs des tiges et retirez les pistils, trop amers. Mettez du sucre dans une coupelle. Battez vivement le blanc d'œuf en neige.

Trempez les fleurs dans le blanc d'œuf ou badigeonnez-les au pinceau, puis égouttez-les un peu, passez-les dans le sucre et tapotez-les doucement sur le rebord de la coupelle pour retirer le surplus de sucre.

Posez-les sur la grille à pâtisserie du four et faites-les sécher dans ce dernier pendant 1 heure, en maintenant la porte entrouverte avec une spatule.

Mon conseil Vous pouvez réaliser cette recette avec d'autres fleurs, comme des violettes, du mimosa, des pétales de rose, des capucines, etc. Utilisez-les pour décorer vos gâteaux, ou comme friandise au moment du café.

Framboisier au chocolat

Pour 8 à 10 personnes

Préparation 45 min **Cuisson** de 30 à 35 min **Réfrigération** 2 h

750 g de framboises ■ sucre glace

Pour la génoise : 120 g de sucre ■ 3 œufs ■ 100 g de farine ■ ½ sachet de levure chimique ■ 30 g de cacao en poudre ■ 30 g de beurre fondu ■ beurre et farine pour le moule

Pour la crème : 160 g de sucre ■ 15 g de cacao ■ 3 jaunes d'œuf ■ 200 g de beurre mou

*P*réchauffez le four à 180 °C (th. 6). Beurrez et farinez un moule à manqué.

Battez les œufs entiers et le sucre dans une jatte jusqu'à ce que le mélange blanchisse, puis posez la jatte dans un bain-marie frémissant et continuez de fouetter pendant 2 minutes. Retirez du feu et fouettez jusqu'à ce que la préparation soit tiède.

Ajoutez alors la farine, la levure et le cacao tamisés, puis le beurre fondu. Mélangez délicatement, en soulevant la préparation avec une spatule souple. Versez-la dans le moule, enfournez et faites cuire pendant 25 à 30 minutes. À l'issue de la cuisson, démoulez la génoise et laissez-la refroidir sur une grille.

Préparez la crème : faites bouillir le sucre avec 15 cl d'eau dans une casserole pendant 5 minutes sur feu vif ; fouettez les jaunes d'œuf et le cacao, puis versez le sirop bouillant en mince filet sans cesser de fouetter jusqu'à ce que la crème soit froide ; incorporez alors le beurre mou détaillé en parcelles. Vous obtenez une belle crème lisse, que vous réserverez au frais.

Coupez la génoise en deux dans le sens de l'épaisseur, étalez la moitié de la crème sur le disque inférieur et répartissez dessus la moitié des framboises. Posez le second disque par-dessus, étalez le reste de crème et disposez le reste des framboises. Réservez au frais pendant 2 heures, et saupoudrez d'un nuage de sucre glace avant de servir.

Fromage blanc en faisselle aux fruits rouges

Pour 6 personnes

Préparation 10 min **Cuisson** 15 min **Repos** 1 nuit

500 g de fromage blanc en faisselle ■ 20 cl de crème fleurette ■ 4 cuil. à soupe de sucre glace ■ 500 g de fruits rouges mélangés (myrtilles, groseilles, framboises et cassis) ■ 150 g de sucre cristallisé

*L*a veille, disposez une gaze de coton (que vous trouverez en pharmacie) dans le fond d'une passoire et mettez le fromage blanc à égoutter toute la nuit au frais.

Le jour même, égrappez les groseilles et les cassis, mettez-les dans une casserole avec les myrtilles et le sucre cristallisé, et faites cuire le tout pendant 10 minutes sur feu moyen. Ajoutez les framboises et poursuivez la cuisson pendant 5 minutes sur feu plus vif. Retirez ensuite du feu et réservez.

Fouettez la crème fleurette en chantilly, en ajoutant le sucre glace à la fin, et mélangez-la délicatement au fromage blanc égoutté. Moulez vos fromages blancs à l'aide d'un ramequin, démoulez-les sur les assiettes de service, nappez-les de fruits rouges et servez aussitôt, accompagné de biscuits secs.

Mon conseil En automne, réalisez la même recette en remplaçant les fruits rouges par une salade d'oranges sanguines.

Fruits déguisés

Pour 30 fruits environ

Préparation 30 min   **Cuisson** 5 min

Dattes ■ pruneaux ■ abricots secs ■ cerneaux de noix ■ cerises confites
■ pignons ■ pistaches, etc.
Pour la pâte d'amandes : 125 g d'amandes en poudre ■ 125 g de sucre
glace ■ 1 petit blanc d'œuf ■ colorant alimentaire au choix
Pour le sirop : 250 g de sucre ■ 7 cl d'eau ■ 10 gouttes de jus de citron

*P*réparez la pâte d'amandes : mettez les amandes et le sucre dans le bol d'un robot, puis mixez durant quelques secondes. Ajoutez le blanc d'œuf et mixez de nouveau, par à-coups cette fois, jusqu'à ce que la pâte forme une boule et se détache des parois du robot. Si vous voulez colorer votre pâte d'amandes, mettez quelques gouttes de colorant en même temps que le blanc d'œuf.

Dénoyautez dattes et pruneaux ; coupez les fruits en deux. Façonnez des petites boules de pâte d'amandes entre vos mains, puis reconstituez les fruits en mettant une boule de pâte entre deux demi-fruits. Vous pouvez aussi rouler des boules de pâte d'amandes dans les pignons ou dans les pistaches grossièrement concassées, ou encore poser un cerneau de noix sur une boule de pâte. Les possibilités sont illimitées.

Faites bouillir le sucre et l'eau pendant 3 minutes, ajoutez le jus de citron et laissez bouillir pendant encore 2 minutes. Réservez le sirop sur feu très doux et passez les fruits déguisés dedans en les maintenant avec une fourchette à deux dents, puis laissez-les sécher sur une grille. Dégustez rapidement.

 Mon conseil Faites cuire le sirop jusqu'à ce que vous obteniez un caramel blond, puis trempez les fruits dedans, égouttez-les et laissez-les sécher sur la grille. Vous obtiendrez ainsi une consistance plus croquante.

Fruits rouges, crème glacée au mascarpone

Pour 6 personnes

Préparation 20 min **Cuisson** 5 min **Réfrigération** 3 h

25 cl d'eau minérale ▪ 180 g de sucre en poudre ▪ 225 g de mascarpone ▪ 50 g de crème fleurette (5 cl) ▪ 125 g de groseilles ▪ 500 g de framboises ▪ 125 g de myrtilles ▪ 125 g de fraises ▪ 4 cuil. à soupe de sucre glace ▪ 2 cuil. à soupe de jus de citron

$\mathcal{F}$aites bouillir l'eau additionnée du sucre en poudre pendant 5 minutes sur feu vif, puis laissez refroidir. Mélangez au fouet le mascarpone et la crème, incorporez le sirop refroidi et mettez la préparation dans le congélateur pendant 3 heures ; remuez de temps en temps avec une fourchette pour éviter que des cristaux ne se forment. Si vous avez une sorbetière, utilisez-la pour faire prendre la crème pendant 20 à 30 minutes.

Égrappez les groseilles, mettez-les dans une jatte avec les myrtilles et les framboises, et réservez. Équeutez les fraises, mettez-les dans le bol d'un robot avec le sucre glace et le jus de citron, et mixez à grande vitesse jusqu'à ce que vous obteniez un coulis onctueux. Filtrez ce dernier à l'aide d'une passoire au-dessus des fruits, puis mélangez délicatement.

Pour servir, répartissez les fruits au coulis dans des coupelles avant de déposer, au centre de chacune d'elles, une boule de glace au mascarpone.

Mon conseil

Pour un gain de temps, vous pouvez utiliser du sirop de sucre de canne (vendu en bouteille) ; comptez de 35 à 40 cl.

Fruits rouges en gelée de cassis et citron vert

Pour 6 personnes

Préparation 15 min **Cuisson** 5 min **Réfrigération** 2 h

250 g de fraises ■ 250 g de framboises ■ 100 g de groseilles ■ 250 g de myrtilles ■ 1 citron vert ■ 6 cuil. à café de crème de cassis ■ 80 g de sucre en poudre ■ 6 feuilles de gélatine (12 g)

*F*aites tremper les feuilles de gélatine dans un bol d'eau froide pour les ramollir. Mettez le sucre dans une casserole avec 20 cl d'eau, portez à ébullition et laissez frémir pendant 5 minutes. Égouttez la gélatine, en la pressant bien entre vos mains, et jetez-la dans le sirop bouillant ; elle va fondre aussitôt.

Équeutez les fraises et coupez-les en deux, ou en quatre si elles sont trop grosses ; égrappez les groseilles. Mettez tous les fruits dans le sirop avec une lanière de zeste du citron vert et le jus de ce dernier. Ajoutez la crème de cassis, mélangez délicatement et répartissez les fruits en gelée dans des coupelles. Réservez au frais pendant au moins 2 heures avant de servir.

Mon conseil

Vous pouvez accompagner cette préparation d'une chantilly confectionnée à partir de 20 cl de crème fleurette fouettée avec 40 g de sucre glace et le jus d'un citron vert.

Gâteau à la brousse de brebis et fruits rouges

Pour 6 personnes

Préparation 15 min **Cuisson** 45 min

250 g de brousse de brebis ■ 150 g de beurre ■ 200 g de sucre en poudre ■ 4 œufs ■ 180 g de farine ■ 1 sachet de levure chimique ■ 1 cuil. à café de vanille en poudre ■ 250 g de fruits rouges au choix ■ sucre glace ■ beurre pour le moule

*P*réchauffez le four à 200 °C (th. 6-7). Beurrez un moule à manqué. Coupez le beurre en petits morceaux et faites-le fondre au four à micro-ondes ou au bain-marie.

Fouettez la brousse additionnée du sucre à l'aide d'un robot ou d'un batteur électrique. Ajoutez le beurre fondu et les œufs, un à un, puis la farine, la vanille et la levure. Mélangez rapidement et versez la pâte dans le moule.

Enfournez et laissez cuire pendant 10 minutes, puis baissez la température du four à 180 °C (th. 6), dispersez les fruits sur le gâteau et poursuivez la cuisson pendant 35 minutes.

Démoulez le gâteau et servez-le, tiède ou froid, saupoudré d'un nuage de sucre glace.

Mon conseil Vous pouvez cuire ce gâteau dans des caissettes indivi-duelles ; réduisez alors le temps de cuisson de 10 minutes.

Gâteau à l'ananas

Pour 6 à 8 personnes

Préparation 10 min **Cuisson** 55 min

1 boîte d'ananas en tranches au sirop léger (environ 400 g)
Pour la pâte : 200 g de sucre ■ 4 œufs ■ 180 g de farine ■ 250 g de beurre
fondu ■ 1 cuil. à café de vanille en poudre ■ 4 cuil. à soupe de rhum ambré
Pour le caramel : 200 g de sucre ■ 5 cuil. à soupe d'eau

*P*réchauffez le four à 180 °C (th. 6). Préparez le caramel : mettez le sucre et l'eau dans une casserole sur feu vif et faites cuire pendant environ 8 minutes, jusqu'à ce que vous obteniez un caramel ambré. Versez-le dans un moule à manqué et inclinez ce dernier dans tous les sens pour bien répartir le caramel.

Mettez les œufs et le sucre dans le bol d'un robot, et mixez jusqu'à ce que le mélange mousse. Ajoutez alors la farine, le beurre fondu froid, la vanille ainsi que le rhum, puis mixez encore jusqu'à ce que la pâte soit lisse.

Égouttez les tranches d'ananas et coupez-les en deux. Mettez-les dans le moule, versez la pâte par-dessus et faites cuire dans le four pendant 40 à 45 minutes. Laissez tiédir un peu le gâteau à l'issue de la cuisson, puis démoulez-le sur un plat.

Mon conseil

Vous pouvez accompagner ce gâteau d'une crème anglaise à la noix de coco (remplacez la moitié du lait utilisé pour confectionner la recette traditionnelle par du lait de coco).

Gâteau
à la noix de coco

Pour 6 à 8 personnes

Préparation 15 min **Cuisson** 30 min

150 g de beurre ■ 4 œufs ■ 125 g de sucre ■ 100 g de farine ■ ½ sachet de levure ■ 1 pincée de sel ■ 50 g de noix de coco râpée ■ beurre pour le moule

Pour le glaçage : 120 g de sucre glace ■ 50 g de beurre ■ 2 cuil. à soupe de jus d'orange

*P*réchauffez le four à 200 °C (th. 6-7). Beurrez un moule à manqué. Coupez le beurre en morceaux et faites-le fondre au four à micro-ondes ou au bain-marie.

Cassez les œufs et séparez les jaunes des blancs. Fouettez les jaunes avec le sucre jusqu'à ce que le mélange blanchisse, puis ajoutez le beurre fondu tiède, la farine, la levure, le sel et la noix de coco.

Battez les blancs en neige ferme et ajoutez-les délicatement à la préparation, en soulevant avec une spatule souple. Versez la pâte dans le moule, enfournez et laissez cuire pendant 10 minutes, puis baissez la température à 180 °C (th. 6) et poursuivez la cuisson pendant 20 minutes.

Démoulez le gâteau sur une grille et laissez-le refroidir pendant que vous préparez le glaçage : faites chauffer le beurre coupé en morceaux et le jus d'orange au four à micro-ondes ou au bain-marie, ajoutez le sucre glace en remuant avec une cuillère et étalez ce glaçage sur la surface du gâteau. Laissez sécher un peu avant de servir.

Gâteau à la noix de coco et aux framboises

Pour 8 personnes

Préparation 10 min   **Cuisson** 55 min

6 œufs ■ 250 g de sucre ■ 250 g de beurre ramolli ■ 150 g de farine ■ 250 g de framboises ■ ½ sachet de levure ■ 80 g de noix de coco râpée ■ ½ citron ■ 4 cuil. à soupe de confiture de framboises ■ beurre et farine pour le moule

*P*réchauffez le four à 180 °C (th. 6). Beurrez et farinez un moule à manqué.

Cassez les œufs en séparant les jaunes des blancs. Fouettez les jaunes avec le sucre jusqu'à ce que le mélange blanchisse, puis ajoutez le beurre, la farine, la levure et la noix de coco. Battez les blancs d'œuf en neige ferme et mélangez-les délicatement à la préparation.

Versez dans le moule et enfournez pour 10 minutes, puis répartissez les framboises sur le gâteau et poursuivez la cuisson pendant 45 minutes environ.

Vérifiez la cuisson en plantant la lame d'un couteau dans la pâte : si elle ressort sèche, le gâteau est cuit.

Démoulez-le alors sur une grille et laissez-le refroidir. Juste avant de servir, détendez la confiture avec le jus du demi-citron, faites-la chauffer et étalez-la sur le gâteau.

Pour une petite note exotique, utilisez le jus d'un citron vert et son zeste râpé pour détendre la confiture.

Gâteau au chocolat

Pour 6 à 8 personnes

Préparation 5 min **Cuisson** 25 ou 30 min

200 g de beurre ■ 200 g de chocolat noir ■ 200 g de sucre glace ■ 5 œufs
■ 40 g de farine ■ beurre pour le moule

Préchauffez le four à 190 °C (th. 6-7). Beurrez un moule rond ou carré.

Détaillez le beurre en parcelles et coupez le chocolat en morceaux. Mettez-les dans un grand saladier résistant à la chaleur et faites-les fondre au four à micro-ondes ou au bain-marie.

Remuez au fouet pour lisser la préparation et ajoutez le sucre glace. Incorporez les œufs un à un, en mélangeant bien, puis ajoutez la farine.

Versez la préparation dans le moule beurré et faites cuire, pendant 25 minutes pour une cuisson moelleuse à cœur ou pendant 30 minutes pour une consistance plus ferme. Laissez refroidir le gâteau avant de le démouler et de le servir.

Vous pouvez aussi le confectionner la veille, et le garder au frais jusqu'au moment de le déguster.

Mon conseil

Pour les amateurs de chocolat, utilisez un chocolat noir corsé, à teneur élevée en cacao (environ 70 %) de chez Valrhona.

Gâteau au pamplemousse

Pour 8 à 10 personnes

Préparation 10 min **Cuisson** 50 min

8 œufs ■ 220 g de sucre en poudre ■ 250 g de beurre mou ■ 1 pamplemousse rose ■ 1 pincée de sel ■ 250 g de farine ■ 1 sachet de levure chimique ■ beurre pour la cuisson ■ sucre glace

Préchauffez le four à 200 °C (th. 6-7). Beurrez un grand moule à manqué. Pressez le pamplemousse.

Cassez les œufs et séparez les jaunes des blancs. Fouettez les jaunes et le sucre jusqu'à ce que le mélange blanchisse, puis ajoutez le beurre mou et le jus de pamplemousse, toujours en fouettant. Incorporez alors le sel, la farine et la levure, en remuant à la spatule. Battez les blancs d'œuf en neige ferme et mélangez-les délicatement à la préparation.

Versez la pâte dans le moule, enfournez et laissez cuire pendant 10 minutes, puis baissez la température à 180 °C (th. 6) et poursuivez la cuisson pendant 40 minutes (la pointe d'un couteau planté au centre du gâteau doit ressortir sèche). Laissez refroidir sur une grille, et poudrez d'un nuage de sucre glace avant de servir.

Mon conseil

Vous pouvez ici essayer l'ugli, ce gros fruit vert cabossé, cousin du pamplemousse, dont le jus bien sucré conviendra à cette recette.

Gâteau au yaourt

Pour 6 personnes

Préparation 5 min **Cuisson** de 25 à 30 min

1 pot de yaourt nature au lait entier (ce pot servira de mesure pour les autres ingrédients) ▪ 2 pots de sucre ▪ 2 pots de farine ▪ 1 sachet de levure ▪ 3 œufs ▪ 2 cuil. à soupe d'huile neutre ▪ ½ cuil. à café de cannelle ▪ 1 noix de beurre ▪ 1 pincée de sel

$\mathcal{P}$réchauffez le four à 180 °C (th. 6). Beurrez un moule à manqué.

Cassez les œufs et séparez les jaunes des blancs. Fouettez les jaunes et le sucre jusqu'à ce que le mélange blanchisse, puis incorporez le yaourt, la farine et la levure tamisées, l'huile et la cannelle.

Battez les blancs en neige ferme avec le sel avant de les mélanger, délicatement, à la préparation. Versez dans le moule, enfournez et laissez cuire pendant 25 à 30 minutes. Servez le gâteau au goûter, coupé en deux dans le sens de l'épaisseur et garni de confiture ou de pâte de noisette.

 Mon conseil Le Fjord peut remplacer le yaourt ; sa texture riche et onctueuse convient bien. Servez-vous du pot pour toutes les mesures.

Gâteau aux amandes et aux oranges confites

Pour 6 à 8 personnes

Préparation 15 min **Cuisson** 30 min

125 g d'amandes en poudre ■ 150 g de sucre glace ■ 1 blanc d'œuf ■ 3 œufs ■ 40 g de farine ■ 80 g de beurre fondu ■ 100 g d'écorces d'orange confites ■ 60 g d'amandes effilées ■ beurre pour la cuisson Pour le glaçage : 125 g de sucre glace ■ 3 cuil. à soupe d'eau ■ 1 cuil. à soupe d'eau de fleur d'oranger

*P*réchauffez le four à 220 °C (th. 7-8). Beurrez un moule à manqué. Coupez les écorces d'orange en tout petits dés.

Mettez les amandes en poudre et le sucre glace dans le bol d'un robot, ajoutez le blanc d'œuf et mixez jusqu'à ce que vous obteniez de la pâte d'amandes. Incorporez les œufs un à un par la cheminée du robot tout en mixant, puis ajoutez la farine, le beurre fondu et les écorces d'orange confites.

Versez la pâte dans le moule, enfournez et laissez cuire pendant 10 minutes. Baissez alors la température à 180 °C (th. 6) et poursuivez la cuisson pendant encore 20 minutes, puis démoulez le gâteau sur une grille et laissez-le refroidir.

Mélangez le sucre glace, l'eau et l'eau de fleur d'oranger. Étalez ce mélange sur le gâteau avec une spatule et parsemez d'amandes effilées.

Mon conseil Pour calculer la température du four par rapport au thermostat, on multiplie le numéro du thermostat par trente ; par exemple, th. 6 correspond à 180 °C.

Gâteau aux noix

Pour 6 à 8 personnes

Préparation 10 min **Cuisson** 40 min

250 g de cerneaux de noix ■ 6 œufs ■ 200 g de sucre ■ 150 g de farine ■ ½ sachet de levure ■ 125 g de beurre ■ beurre pour le moule ■ sel

*P*réchauffez le four à 210 °C (th. 7). Beurrez un moule à manqué. Faites fondre le beurre au four à micro-ondes réglé sur « décongélation » ou au bain-marie. Mixez grossièrement les cerneaux de noix avec 50 g de sucre à l'aide d'un robot.

Cassez les œufs et séparez les jaunes des blancs. Fouettez les jaunes avec le reste de sucre jusqu'à ce que le mélange blanchisse, ajoutez la farine, la levure et les noix en remuant, puis incorporez le beurre fondu. Fouettez les blancs en neige ferme avec une pincée de sel et mélangez-les délicatement à la préparation, en soulevant avec une spatule souple.

Versez la pâte dans le moule, enfournez et laissez cuire pendant 10 minutes. Réduisez ensuite la température du four à 180 °C (th. 6) et poursuivez la cuisson pendant 30 minutes. Démoulez le gâteau sur une grille et laissez-le refroidir avant de le déguster.

Mon conseil

Vous pouvez couper ce gâteau en deux dans le sens de l'épaisseur et le fourrer d'une crème express faite avec 100 g de beurre mixé avec 100 g de sucre glace, 50 g de cerneaux de noix et 1 cuillerée à café d'extrait de café.

Gâteau aux pommes, sirop au safran

Pour 6 à 8 personnes

Préparation 30 min   **Cuisson** 45 min

120 g de sucre ▪ 4 œufs ▪ 200 g de beurre fondu ▪ 100 g de farine ▪ 125 g d'amandes en poudre ▪ ½ sachet de levure chimique ▪ 2 pommes (si possible des belles de Boskoop) ▪ beurre et farine pour le moule
Pour le sirop : 100 g de sucre ▪ 10 cl d'eau ▪ 1 dosette de safran en poudre

*A*llumez le four à 200 °C (th. 6-7). Beurrez et farinez un moule à manqué. Coupez les pommes en quatre, retirez la peau, le cœur et les pépins (réservez ces derniers), puis détaillez chaque quartier en lamelles.

Cassez les œufs et séparez les jaunes des blancs. Fouettez les jaunes et le sucre jusqu'à ce que le mélange blanchisse. Ajoutez la farine, la levure, le beurre fondu et les amandes, puis mélangez. Battez les blancs d'œuf en neige ferme et ajoutez-les à la préparation précédente, en soulevant avec une spatule souple.

Versez la préparation dans le moule, enfournez et faites cuire pendant 10 minutes, puis baissez la température à 160 °C (th. 5-6) et poursuivez la cuisson pendant 30 minutes encore.

Pendant ce temps, faites bouillir l'eau, le sucre et le safran avec les cœurs et les pépins de pomme réservés pendant 8 minutes sur feu vif. Retirez du feu, laissez infuser à couvert pendant 5 minutes et filtrez le sirop obtenu. Démoulez le gâteau sur une grille, arrosez-le aussitôt de sirop et réservez jusqu'au moment de servir.

Mon conseil

Pour corser un peu le sirop, vous pouvez mettre trois dosettes de safran en poudre ou deux dosettes de filaments.

Gâteau caramélisé aux poires

Pour 6 à 8 personnes

Préparation 20 min **Cuisson** de 40 à 45 min

6 poires ▪ 3 œufs ▪ 150 g de sucre ▪ 150 g de farine ▪ 200 g de beurre ▪ 1 cuil. à soupe de vanille liquide
Pour le caramel : 150 g de sucre ▪ 4 cuil. à soupe d'eau

*P*réchauffez le four à 180 °C (th. 6). Faites fondre le beurre au four à micro-ondes ou au bain-marie.

Versez 150 g de sucre et l'eau dans une petite casserole, portez à ébullition et laissez bouillir pendant 5 minutes environ, jusqu'à ce que vous obteniez un caramel. Versez ce dernier dans un moule à manqué en remuant dans tous les sens pour bien le répartir, et réservez.

Pelez les poires, coupez-les en deux, retirez-leur le cœur et les pépins, puis détaillez-les en lamelles un peu épaisses. Disposez les lamelles de poire en rosace sur le caramel, et répartissez le reste des fruits par-dessus, en vrac.

Battez les œufs et le reste du sucre, ajoutez la farine, le beurre fondu tiède et la vanille, mélangez bien et versez cette pâte sur les fruits.

Enfournez et faites cuire pendant 35 à 40 minutes. À l'issue de la cuisson, laissez reposer un peu, puis démoulez le gâteau sur un plat et servez-le tiède ou froid, avec une crème anglaise.

Gâteau de semoule

Pour 8 personnes

Préparation 10 min **Cuisson** 1 h 10

1 litre de lait ▪ 80 g de sucre ▪ 100 g de semoule de blé dur très fine ▪ 6 œufs ▪ 100 g de raisins secs blonds ▪ rhum ambré
Pour le caramel : 150 g de sucre

$\mathcal{M}$ettez les raisins dans une petite casserole, couvrez-les d'eau et faites-les cuire sur feu moyen jusqu'à ce que toute l'eau soit absorbée. Laissez refroidir et ajoutez 6 cuillerées à soupe de rhum.

Préchauffez le four à 180 °C (th. 6). Préparez le caramel en faisant cuire le sucre dans 6 cuillerées à soupe d'eau pendant 8 minutes environ. Dès qu'il est brun clair, versez-le dans un moule à manqué, que vous inclinerez dans tous les sens pour bien répartir le caramel.

Faites chauffer le lait et le sucre dans une grande casserole. Ajoutez la semoule en pluie et faites cuire pendant 10 minutes en remuant souvent, puis retirez du feu et laissez tiédir.

Ajoutez alors les œufs, un à un et en fouettant, puis les raisins et le rhum. Versez la préparation dans le moule, enfournez et laissez cuire pendant 45 minutes. Servez tiède ou froid, démoulé ou non.

 Mon conseil Veillez à toujours avoir dans un placard un bocal de raisins secs marinés dans du rhum.

Gâteau léger choco-noisettes

Pour 6 à 8 personnes

Préparation 20 min **Cuisson** 30 min

125 g de chocolat noir ■ 5 blancs d'œuf ■ 250 g de sucre glace ■ 125 g de noisettes en poudre ■ 30 g de farine ■ 1 noix de beurre ■ 1/2 sachet de levure chimique

*P*réchauffez le four à 150 °C (th. 5). Beurrez un moule à manqué. Cassez le chocolat en morceaux et faites-le fondre au four à micro-ondes ou au bain-marie, puis remuez-le pour le lisser.

Battez les blancs en neige ferme. Tamisez le sucre glace, la farine et la levure au-dessus des blancs. Mélangez très délicatement la préparation, en la soulevant avec une spatule souple. Ajoutez les noisettes en poudre, puis le chocolat fondu, toujours avec délicatesse.

Versez dans le moule, enfournez et faites cuire pendant 30 minutes. Laissez tiédir un peu le gâteau, puis démoulez-le sur le plat de service avec précaution, car il est fragile.

Mon conseil

Ce gâteau est aussi délicieux avec des noix ou des amandes ; n'hésitez pas à varier les goûts, en gardant les proportions initiales.

Gâteau marbré

Pour 6 à 8 personnes

Préparation 10 min **Cuisson** 40 min

180 g de beurre ■ 3 gros œufs ■ 180 g de sucre ■ 10 cl de crème fleurette ■ 250 g de farine ■ 1 sachet de levure chimique ■ 1 pincée de sel ■ 2 cuil. à soupe de cacao en poudre non sucré ■ 2 cuil. à soupe de sucre cristallisé ■ beurre pour le moule

*P*réchauffez le four à 180 °C (th. 6). Beurrez un moule à manqué et poudrez-le de sucre cristallisé. Faites fondre le beurre au four à micro-ondes ou au bain-marie, puis laissez-le tiédir.

Cassez les œufs et séparez les jaunes des blancs. Fouettez les jaunes et le sucre jusqu'à ce que le mélange blanchisse, puis ajoutez le beurre fondu tiède, la crème et, enfin, la farine et la levure, tamisées ensemble. Battez les blancs d'œuf avec le sel en neige ferme et mélangez-les délicatement à la pâte en soulevant la masse avec une spatule souple.

Séparez la pâte en deux parties, ajoutez le cacao tamisé à l'une d'elles, et remplissez le moule, en intercalant les pâtes pour donner l'effet marbré. Enfournez et laissez cuire pendant 20 minutes, puis baissez la température à 160 °C (th. 5-6) et poursuivez la cuisson pendant 20 minutes encore. Démoulez le gâteau sur une grille et laissez-le refroidir avant de le déguster.

Gâteau meringué chocolat-marron

Pour 6 à 8 personnes

Préparation 15 min **Cuisson** 45 min

200 g de chocolat noir ■ 200 g de beurre ■ 100 g de crème de marrons ■ 4 œufs ■ 2 cuil. à soupe de farine ■ 6 marrons glacés (ou 100 g de brisures de marrons glacés) ■ 80 g de sucre glace ■ beurre et farine pour le moule

*P*réchauffez le four à 160 °C (th. 5-6). Beurrez et farinez un moule à bord amovible, puis tapissez-le de papier sulfurisé beurré.

Coupez le chocolat et le beurre en morceaux, et faites-les fondre au micro-ondes ou au bain-marie 3 minutes environ. Remuez au fouet pour lisser la préparation, puis incorporez la crème de marrons.

Cassez les œufs et séparez les jaunes des blancs. Mélangez les jaunes avec la préparation précédente, ajoutez la farine et les marrons glacés, préalablement brisés en morceaux. Versez la préparation dans le moule.

Battez les blancs d'œuf en neige ferme, en ajoutant le sucre glace en pluie à la fin. Étalez cet appareil à meringue sur la préparation au chocolat, enfournez et faites cuire pendant 40 minutes environ.

Laissez tiédir le gâteau avant de le démouler, très délicatement car il est fragile. Servez-le tiède

Gaufres

Pour 15 gaufres environ

Préparation 10 min **Cuisson** 4 min par fournée

50 cl de lait ■ 10 cl de crème fleurette ■ 100 g de beurre ■ 3 pincées de sel ■ 300 g de farine ■ 1 sachet de levure chimique ■ 80 g de sucre en poudre ■ 3 œufs

*C*oupez le beurre en morceaux, mettez-le dans une petite casserole, ajoutez le lait, la crème et le sel, et faites chauffer sur feu doux.

Mettez la farine, la levure, le sucre et les œufs dans le bol d'un robot ou, mieux, d'un blender, puis faites tourner l'appareil en versant le mélange de lait, de crème et de beurre chaud. Mixez jusqu'à ce que vous obteniez une pâte bien lisse (vous pouvez bien sûr mélanger tous les ingrédients au fouet, mais le blender donne une pâte bien émulsionnée, sans grumeaux).

Chauffez le gaufrier (à plaques antiadhésives si possible) et faites cuire les gaufres deux par deux, pendant 4 minutes environ. Gardez-les au chaud sous un linge jusqu'au moment de les déguster, et servez-les poudrées de sucre glace ou tartinées de confiture.

Gelée d'agrumes à la bergamote

Pour 6 personnes

Préparation 30 min **Cuisson** 10 min **Réfrigération** 2 h

30 cl d'eau (300 g) ▪ 2 cuil. à café de thé en vrac à la bergamote ▪ 4 g d'agar-agar (en vente dans les magasins de diététique) ▪ 180 g de sucre roux ▪ 3 pamplemousses roses ▪ 3 oranges

Faites bouillir l'eau, puis mettez-la hors du feu, jetez le thé dedans et laissez infuser pendant 10 minutes à couvert.

Pelez les agrumes à vif : retirez l'écorce et la chair blanche de façon à atteindre la pulpe, puis glissez un petit couteau-scie entre les fines membranes et détachez les quartiers.

Filtrez le thé, reversez-le dans la casserole et ajoutez le sucre ainsi que l'agar-agar. Faites bouillir sur feu vif pendant 5 minutes, puis ajoutez les fruits et, dès la reprise de l'ébullition, retirez du feu.

Répartissez la gelée dans des verres et laissez-la tiédir avant de réserver au frais pour au moins 2 heures. Sortez les verres et laissez-les à température ambiante 30 minutes avant de servir.

Mon conseil

L'agar-agar est une algue qui, tout en ayant les mêmes propriétés que la gélatine, donne une consistance plus souple, plus naturelle. Vous pouvez cependant utiliser de la gélatine à la place ; il vous en faudra ici 4 feuilles (8 g), à ajouter à la préparation bouillante, hors du feu.

Génoise

Pour 1 génoise

Préparation 20 min   **Cuisson** 30 min

5 œufs ■ 160 g de sucre ■ 1 sachet de sucre vanillé ■ 160 g de farine ■ ½ sachet de levure chimique ■ 1 pincée de sel ■ 50 g de beurre fondu ■ beurre et farine pour le moule

*P*réchauffez le four à 180 °C (th. 6). Beurrez et farinez un moule à manqué. Cassez les œufs et séparez les jaunes des blancs.

Mettez les jaunes dans une jatte résistant à la chaleur avec le sucre, posez la jatte dans une casserole contenant de l'eau bouillante et faites cuire ainsi au bain-marie en fouettant sans cesse jusqu'à ce que le mélange blanchisse et double de volume. Retirez alors la jatte de la casserole et fouettez la préparation hors du feu jusqu'à ce qu'elle soit froide.

Tamisez la farine, la levure et le sel au-dessus de la jatte, puis mélangez délicatement en soulevant la masse avec une spatule et en incorporant peu à peu le beurre fondu refroidi. Battez les blancs d'œuf en neige et mélangez-les délicatement à la pâte.

Versez la préparation dans le moule et enfournez pour 30 minutes environ. À l'issue de la cuisson, démoulez la génoise sur une grille et laissez-la refroidir.

Mon conseil

Pour que la préparation refroidisse plus vite, placez la jatte dans un récipient rempli d'eau froide et de glaçons.

Gratins de figues aux amandes

Pour 6 personnes

Préparation 10 min **Cuisson** 12 min

18 figues mûres ■ 50 g de beurre ■ 2 cuil. à soupe de sucre ■ 1 cuil. à soupe de miel ■ 25 cl de crème fleurette ■ 125 g d'amandes effilées ■ beurre pour les moules

*F*endez les figues en croix, sans séparer les quartiers. Faites fondre le beurre avec le sucre et le miel dans une sauteuse, ajoutez les figues et faites-les rissoler pendant 2 minutes. Ajoutez la crème et poursuivez la cuisson sur feu doux pendant 8 minutes environ.

Répartissez les figues dans six petits plats beurrés résistant à la chaleur, arrosez-les d'un peu de jus de cuisson et parsemez-les d'amandes effilées.

Au moment de servir, allumez le four en position « gril » et passez rapidement les plats sous la voûte du four pour les gratiner (comptez environ 2 minutes). Servez aussitôt, avec une boule de glace posée sur les gratins (lavande, calisson ou nougat, ou, plus classique, vanille).

Mon conseil

Des framboises, des abricots ou un mélange des deux peuvent remplacer les figues.

Gratins
de fruits rouges

Pour 6 personnes

Préparation 20 min **Cuisson** 10 min

600 g de fruits rouges (fraises, framboises, myrtilles, cassis, groseilles et cerises, au choix) ▪ 1 noix de beurre ▪ sucre cristallisé
Pour la crème : 8 jaunes d'œuf ▪ 150 g de sucre ▪ 30 cl de muscat

*B*eurrez six plats creux résistant à la chaleur et saupoudrez-les de sucre cristallisé. Équeutez les fruits, lavez-les ou non et répartissez-les dans les plats.

Faites chauffer 50 cl d'eau dans une casserole et posez dedans une jatte résistant à la chaleur. Mettez les jaunes d'œuf et le sucre dans la jatte, puis fouettez jusqu'à ce que le mélange blanchisse.

Ajoutez le vin en une fois et fouettez encore pendant environ 5 minutes sur feu très vif. Répartissez la crème sur les fruits et réservez au frais jusqu'au moment de servir.

Allumez le four en position « gril », passez rapidement les plats dessous pour gratiner un peu la crème et servez aussitôt. Attention, la crème brûle très vite.

 Mon conseil

Vous pouvez préparer ces gratins à l'avance, les réserver au frais et les passer sous le gril au dernier moment.

Île flottante

Pour 6 à 8 personnes

Préparation 30 min **Cuisson** 40 min **Repos** 30 min

Pour l'île : 6 blancs d'œuf ■ 1 pincée de sel ■ 80 g de sucre
Pour la crème anglaise : 6 jaunes d'œuf ■ 40 cl de lait ■ 10 cl de crème
fleurette ■ 2 gousses de vanille ■ 100 g de sucre

*P*réchauffez le four à 160 °C (th. 5-6). Faites chauffer
1 litre d'eau. Passez un moule à charlotte à revêtement antiadhésif sous l'eau froide (ne l'essuyez pas).

Battez les blancs d'œuf avec le sel en neige
ferme. Ajoutez le sucre en pluie à la fin, sans cesser
de fouetter, puis mettez les blancs dans le moule à
charlotte. Posez ce dernier dans un moule plus
grand, versez l'eau chaude dans le grand moule,
enfournez le tout et faites cuire ainsi au bain-marie
pendant 40 minutes.

Pendant ce temps, préparez la crème anglaise.
Fendez les gousses de vanille en deux dans le sens de
la longueur, grattez les petites graines noires aromatiques contenues à l'intérieur et mettez-les dans une
casserole avec les gousses de vanille, le lait et la
crème. Faites chauffer sur feu doux jusqu'au premier
frémissement, puis retirez du feu et laissez infuser
pendant 10 minutes.

Fouettez les jaunes d'œuf et le sucre jusqu'à ce que le mélange blanchisse. Incorporez-leur le lait en le versant en mince filet, puis rincez la casserole et reversez l'ensemble dedans. Remettez sur feu doux et faites cuire sans cesser de remuer jusqu'à ce que la crème nappe la cuillère, c'est-à-dire 10 minutes environ.

Retirez la casserole du feu. Versez la crème dans une jatte en la filtrant à l'aide d'une passoire et faites-la refroidir rapidement en plaçant la jatte dans un récipient plus grand rempli d'eau et de glaçons. Remuez souvent. Laissez reposer l'île pendant 30 minutes, puis démoulez-la dans un plat creux. Répartissez la crème autour et servez bien frais.

Kouglof

Pour 6 à 8 personnes

Préparation 20 min   **Cuisson** 45 min   **Repos** 2 h

20 cl de lait ▪ 20 g de levure fraîche de boulanger ▪ 500 g de farine ▪ 80 g de sucre ▪ 2 gros œufs ▪ 1 cuil. à café de sel ▪ 250 g de beurre ramolli ▪ 100 g de raisins secs trempés dans le rhum ▪ 100 g d'amandes mondées ▪ sucre glace ▪ beurre pour le moule

*F*aites tiédir la moitié du lait. Mettez hors du feu, ajoutez la levure émiettée et mélangez, puis incorporez 50 g de farine et laissez doubler de volume près d'une source de chaleur.

Mettez la farine dans une jatte, creusez un puits au milieu et ajoutez le sucre, le sel et les œufs entiers, un à un. Mélangez vigoureusement jusqu'à ce que la pâte soit lisse, en ajoutant le mélange de lait, de levure et de farine. Incorporez alors le reste de lait ainsi que le beurre mou, et travaillez encore la pâte. Laissez-la lever près d'une source de chaleur (elle doit doubler de volume), après avoir couvert la jatte d'un linge.

Beurrez généreusement un moule à kouglof et déposez une amande au début de chaque côte du moule. Égouttez les raisins et passez-les dans la farine. Pétrissez la pâte encore une fois, ajoutez-lui les raisins, mettez-la dans le moule et laissez-la lever pour la dernière fois.

Préchauffez le four à 210 °C (th. 7). Enfournez le kouglof et laissez-le cuire pendant 40 à 45 minutes. Démoulez-le sur une grille et laissez-le refroidir, puis saupoudrez-le de sucre glace avant de le servir.

Mon conseil

Pour un goût plus prononcé, on peut ajouter à la pâte, en même temps que le beurre mou, 6 cuillerées à soupe de rhum de macération des raisins.

Langues de chat

Pour 20 langues de chat

Préparation 10 min **Cuisson** de 6 à 8 min

40 g de beurre mou ■ 100 g de sucre ■ 1 sachet de sucre vanillé
■ 60 g de farine ■ 2 blancs d'œuf

*P*réchauffez le four à 200 °C (th. 6-7). Tapissez la plaque du four de papier sulfurisé ou utilisez une toile de cuisson en silicone (de type Flexipan).

Mettez le beurre et les sucres dans le bol d'un robot, puis mixez jusqu'à ce que vous obteniez une crème lisse. Ajoutez alors les blancs d'œuf et la farine, et mixez par à-coups jusqu'à ce que la pâte soit homogène.

Mettez-la dans une poche munie d'une douille lisse et déposez des bâtonnets de pâte sur la plaque, en les espaçant car ils gonflent en cuisant. Enfournez et faites cuire pendant 6 à 8 minutes, puis déposez les langues de chat sur une grille et laissez-les refroidir.

Mon conseil

Offrez vos langues de chat, bien rangées dans une boîte tapissée de papier sulfurisé ; elles se conserveront plusieurs jours à l'abri de l'humidité.

Macarons

Pour 20 macarons environ

Préparation 10 min **Cuisson** 25 min

250 g d'amandes en poudre ▪ 200 g de sucre glace ▪ 3 sachets de sucre
vanillé ▪ 3 gros blancs d'œuf ▪ 1 cuil. à soupe de compote de pommes
(ou de compote d'abricots) ▪ 1 noix de beurre

$\mathcal{S}$ortez la plaque du four, tapissez-la d'une feuille de papier sulfurisé et beurrez cette dernière. Préchauffez le four à 170 °C (th. 5-6).

Mélangez les amandes en poudre, le sucre glace et le sucre vanillé dans une jatte. Ajoutez les blancs d'œuf et la compote, puis mélangez au batteur électrique pendant 2 minutes (vous pouvez réaliser cette opération à l'aide d'un robot).

Déposez des petits tas de pâte sur le papier sulfurisé, en les espaçant bien les uns des autres car la pâte gonfle en cuisant, et enfournez pour 20 à 25 minutes.

Sortez les macarons du four, placez-les sur une grille et laissez-les refroidir.

Pour enlever le papier sulfurisé sur lequel ont cuit les macarons, déposez la plaque de cuisson dans l'évier et faites couler un filet d'eau entre la tôle et le papier : les macarons, alors humidifiés, se détacheront très facilement.

Madeleines

Pour 40 madeleines environ

Préparation 10 min **Repos** 1 h 30 **Cuisson** 8 min par fournée

225 g de beurre ■ 4 œufs ■ 230 g de sucre ■ 275 g de farine ■ 15 g de levure chimique (un sachet et demi) ■ le zeste râpé d'un citron ■ beurre et farine pour les moules

*F*aites fondre le beurre, préalablement coupé en morceaux, au four à micro-ondes ou au bain-marie, puis laissez-le refroidir complètement.

Cassez les œufs entiers dans une jatte et fouettez-les vivement avec le sucre jusqu'à ce que le mélange gonfle. Ajoutez la farine et la levure tamisées, et laissez reposer à température ambiante pendant 1 heure exactement.

Retirez alors la crème blanche qui s'est formée sur le beurre et incorporez ce dernier à la préparation, ainsi que le zeste de citron. Mélangez bien pour que la pâte soit homogène, puis réservez au frais pendant 30 minutes.

Préchauffez le four à 260 °C (th. 8-9). Beurrez et farinez des moules à madeleines ; si vous le pouvez, servez-vous de moules à madeleines en silicone (de type Flexipan), tellement faciles à utiliser. Déposez dans chaque alvéole la valeur d'une grosse cuillerée à café de pâte.

Baissez la température à 240 °C (th. 8), enfournez et laissez cuire pendant 8 minutes. À l'issue de la cuisson, déposez les madeleines sur une grille et faites cuire les autres fournées.

Mon conseil

Avant cuisson, la pâte à madeleines se conserve pendant 3 jours dans le réfrigérateur ; vous pouvez donc préparer une bonne quantité de pâte à l'avance, et faire cuire les madeleines au fur et à mesure de vos besoins.

Marquise au chocolat

Pour 6 à 8 personnes

Préparation 20 min **Cuisson** 3 min **Réfrigération** 4 h

200 g de chocolat noir ▪ 7 jaunes d'œuf ▪ 150 g de sucre ▪ 250 g de beurre mou ▪ 100 g de cacao en poudre ▪ 40 cl de crème fleurette ▪ 40 g de sucre glace ▪ cacao et cerises à l'eau de vie pour le décor

*P*assez un moule à cake sous l'eau froide et, sans l'essuyer, tapissez-le de film plastique alimentaire en laissant largement dépasser les bords.

Hachez le chocolat avec un grand couteau et faites-le fondre au four à micro-ondes ou au bain-marie. Fouettez les jaunes d'œuf et le sucre jusqu'à ce que le mélange blanchisse, puis ajoutez le chocolat fondu, en remuant au fouet pour lisser la préparation.

Travaillez le beurre mou et le cacao en poudre jusqu'à ce que vous obteniez une pâte lisse, que vous incorporerez à la préparation précédente. Battez la crème fraîche en chantilly en ajoutant le sucre glace à la fin, puis mélangez-la délicatement à la préparation au chocolat, en soulevant à l'aide d'une spatule souple.

Versez l'ensemble dans le moule, rabattez le film par-dessus et réservez au frais pendant au moins 4 heures.

Pour servir, démoulez la marquise sur le plat choisi en retirant le film, saupoudrez-la de cacao et décorez de quelques cerises à l'eau-de-vie ou au marasquin.

Méli-mélo de fruits rouges et biscuits roses

Pour 6 personnes

Préparation 5 min **Repos** 12 h

500 g de fromage blanc en faisselle ■ 80 g de sucre glace ■ 1 cuil. à café de vanille en poudre ■ 12 biscuits de Reims roses ■ 600 g de fruits rouges mélangés ■ ½ pot de gelée de groseille ■ ½ citron ■ petites feuilles de menthe

*L*a veille, mettez le fromage blanc dans une passoire posée au-dessus d'un bol, couvrez-le d'un film alimentaire et laissez-le s'égoutter toute la nuit.

Le jour même, mélangez le fromage blanc avec le sucre glace et la vanille en poudre. Faites chauffer sur feu doux la gelée de groseille additionnée du jus du demi-citron jusqu'à ce qu'elle soit fluide. Concassez grossièrement les biscuits au rouleau à pâtisserie ou au robot. Lavez et égouttez soigneusement les fruits.

Mettez dans des coupelles une couche de biscuits concassés, une couche de fromage blanc, quelques fruits, un peu de gelée, puis de nouveau des biscuits, du fromage blanc et des fruits.

Terminez par une couche de gelée, parsemez de quelques feuilles de menthe et réservez au frais jusqu'au moment de servir.

Mendiant aux poires et aux fruits secs

Pour 6 personnes

Préparation 30 min   **Cuisson** 40 min

800 g de poires ■ 3 tranches de brioche rassises ■ 50 cl de lait ■ 4 œufs ■ ½ cuil. à café de cannelle ■ 100 g d'amandes en poudre ■ 30 g de beurre ■ 100 g d'amandes, de noisettes et de pistaches concassées ■ 140 g de sucre semoule

*P*réchauffez le four à 180 °C (th. 6). Versez le lait dans une casserole et faites-le chauffer. Émiettez les tranches de brioche dans une jatte, puis versez le lait chaud dessus, en écrasant avec une fourchette. Épluchez les poires, coupez-les en quatre, retirez-leur le cœur et émincez-les.

Cassez les œufs dans la jatte. Ajoutez le sucre, la cannelle, la poudre d'amandes et la moitié des fruits secs concassés, puis mélangez bien. Ajoutez alors les poires et remuez encore, mais plus délicatement cette fois.

Beurrez un moule en porcelaine avec les 30 g de beurre, versez la préparation dedans, parsemez-la du reste de fruits secs et faites cuire dans le four pendant 40 minutes. Servez tiède, dans le moule de cuisson.

Meringues

Pour 8 personnes

Préparation 10 min **Cuisson** 3 h 10

4 blancs d'œuf ■ 125 g de sucre en poudre ■ 125 g de sucre glace ■ 1 gousse de vanille ■ beurre pour la cuisson

*P*réchauffez le four à 110 °C (th. 3-4). Beurrez deux plaques à pâtisserie ou utilisez des toiles de cuisson en silicone (de type Flexipan). Fendez la gousse de vanille en deux dans le sens de la longueur et récupérez les graines noires aromatiques à l'aide d'un petit couteau.

Fouettez les blancs en neige ferme avec 1 cuillerée à soupe de sucre en poudre et les graines de vanille, puis ajoutez le reste de sucre en poudre à la fin, toujours en fouettant. Tamisez le sucre glace au-dessus des blancs battus et mélangez-les délicatement, en soulevant la préparation avec une spatule souple.

Déposez, à l'aide d'une cuillère, des petits tas de blancs battus sur les plaques à pâtisserie ; veillez à les espacer suffisamment car ils vont gonfler à la cuisson. Enfournez et laissez cuire pendant 10 minutes, puis baissez la température à 95 °C (th. 3) et poursuivez la cuisson pendant 3 heures. Laissez si possible les meringues toute la nuit dans le four, porte entrouverte.

Mon conseil

Pour amuser les enfants, pensez à colorer les meringues avec quelques gouttes de colorant alimentaire ajoutées en même temps que le sucre en poudre.

Meringues, sorbet aux griottes et groseilles cristallisées

Pour 6 à 8 personnes

Préparation 30 min **Cuisson** 3 h 10 **Congélation** 2 h

6 blancs d'œuf ▪ 200 g de sucre en poudre ▪ 200 g de sucre glace ▪ 40 g de beurre ▪ 1 litre de sorbet aux griottes ▪ 125 g de groseilles ▪ sucre cristallisé ▪ 1 blanc d'œuf (pour cristalliser les groseilles) ▪ 1 cuil. à soupe de sucre glace pour le décor

*P*réchauffez le four à 110 °C (th. 3-4). Beurrez deux plaques à pâtisserie recouvertes de papier sulfurisé beurré, ou utilisez deux plaques de cuisson en silicone (de type Flexipan).

Fouettez les blancs d'œuf en neige ferme avec 2 cuillerées à soupe de sucre en poudre, puis ajoutez le reste en pluie à la fin. Tamisez le sucre glace au-dessus des blancs en neige et mélangez-le délicatement à l'aide d'une spatule souple, en soulevant la préparation.

Étalez cet appareil à meringue sur les plaques beurrées à l'aide d'une spatule, en formant quatre disques de 20 cm de diamètre. Enfournez et laissez cuire pendant 10 minutes, puis réduisez la température à 90 °C (th. 3) et poursuivez la cuisson pendant 3 heures.

Si vous le pouvez, laissez refroidir les disques de meringue dans le four, porte légèrement entrouverte, jusqu'au lendemain. Sinon, sortez les meringues et laissez-les refroidir sur une grille.

Sortez le sorbet du congélateur un peu à l'avance pour qu'il soit souple. Égrappez les groseilles et passez-les dans le blanc d'œuf légèrement battu à la fourchette, puis égouttez-les, roulez-les dans le sucre cristallisé et laissez-les sécher à l'air sur une grille.

Répartissez le sorbet sur trois disques de meringue, superposez ces derniers, terminez avec le quatrième disque et réservez au congélateur pendant au moins 2 heures. Juste avant de servir, sortez la meringue du congélateur, saupoudrez le dessus de sucre glace et décorez avec les groseilles cristallisées.

Merveilles

Pour 6 à 8 personnes

Préparation 10 min **Cuisson** 3 min par bain

3 gros œufs ■ 40 g de sucre ■ 1 cuil. à soupe de rhum ambré ■ 2 pincées de sel ■ 350 g de farine ■ huile neutre pour friture ■ sucre glace

Montez les mille-feuilles au dernier moment. Étalez la moitié de la crème sur six rectangles de pâte, répartissez dessus la moitié des fraises, couvrez de six autres rectangles, ajoutez le reste de crème et disposez les dernières fraises ; surmontez le tout des six rectangles restants, en appuyant un peu pour bien caler le tout ; saupoudrez généreusement de sucre glace et servez aussitôt.

Mini-quatre-quarts aux fruits rouges

Pour 25 caissettes environ

Préparation 10 min **Cuisson** 10 min

100 g de sucre ▪ 2 œufs ▪ 60 g de farine ▪ ½ cuil. à café de levure chimique ▪ 1 cuil. à café de vanille en poudre ▪ 100 g de beurre fondu ▪ 200 g de fruits rouges (myrtilles, framboises, groseilles, etc.)

*P*réchauffez le four à 180 °C (th. 6).

Fouettez le sucre et les œufs entiers jusqu'à ce que le mélange mousse, puis ajoutez la farine, la levure, la vanille et le beurre fondu, en fouettant toujours jusqu'à ce que la préparation soit bien lisse.

Posez des caissettes en papier sur la plaque de cuisson du four, remplissez-les aux deux tiers de pâte et déposez deux ou trois fruits dans chacune d'elles.

Enfournez, baissez la température à 160 °C (th. 5-6) et faites cuire pendant 10 minutes environ, puis laissez tiédir sur une grille.

 Mon conseil Pour que la texture de ces petits quatre-quarts soit encore plus fine, remplacez la moitié de la farine de blé, c'est-à-dire 30 g, par la même quantité de farine de maïs (de type Maïzena).

Mini-quatre-quarts aux fruits secs

Pour 12 grandes caissettes

Préparation 10 min **Cuisson** 20 min

100 g de sucre ■ 2 œufs ■ 100 g de beurre mou ■ 60 g de Maïzena ■ ½ cuil. à café de levure chimique ■ 1 cuil. à café de vanille liquide ■ 100 g de fruits secs (amandes, noisettes, noix, pistaches)

Sortez la plaque du four et préchauffez ce dernier à 180 °C (th. 6). Faites dorer les fruits secs (un en particulier ou plusieurs, que vous mélangerez) dans une poêle sans matière grasse, puis laissez-les refroidir et concassez-les grossièrement au mixeur.

Mettez le sucre et les œufs dans le bol d'un robot et mixez à grande vitesse. Ajoutez le beurre, mixez de nouveau, puis ajoutez la Maïzena, la levure, la vanille et les fruits secs, et mixez par à-coups jusqu'à ce que tout soit mélangé.

Remplissez de pâte aux deux tiers des caissettes de 5 cm de diamètre. Faites cuire dans le four pendant 20 minutes environ, puis laissez tiédir sur une grille avant de déguster.

Mon conseil

Pour que les fruits secs ne forment pas une pâte compacte quand on les réduit en poudre, mixez-les avec 2 cuillerées à soupe de sucre en poudre.

Moelleux chocolat-poires

Pour 8 à 10 personnes

Préparation 1 h **Réfrigération** 12 h **Cuisson** 2 min

1 biscuit de Savoie au chocolat (préparé la veille) ■ 8 cuil. à soupe d'alcool de poire ■ 10 cl de sirop de sucre de canne ■ 4 poires au sirop vanillé (préparées la veille)

Pour la crème : 400 g de chocolat noir riche en cacao ■ 25 cl de crème fleurette ■ 80 g de beurre mou ■ 3 blancs d'œuf ■ 100 g de sucre

*H*achez le chocolat avec un couteau à longue lame et mettez-le dans une jatte. Faites bouillir la crème, versez-la sur le chocolat et fouettez pour lisser la préparation. Couvrez et réservez jusqu'au lendemain à température ambiante.

Le lendemain, mélangez le sirop et l'alcool. Coupez le biscuit en trois disques. Fouettez la crème au chocolat avec le beurre mou. Égouttez bien les poires et coupez-les en lamelles.

Battez les blancs d'œuf en neige, en ajoutant le sucre en pluie à la fin. Incorporez-les à la crème au chocolat en soulevant la préparation, ajoutez les lamelles de poire et mélangez délicatement.

Déposez un disque de biscuit sur un plat, imbibez-le de sirop et couvrez-le de crème au chocolat et aux poires. Posez le deuxième disque dessus et procédez de la même façon, puis recouvrez le tout du dernier disque. Couvrez d'un film alimentaire et réservez au frais pendant 12 heures.

Mousse au chocolat

Pour 6 à 8 personnes

Préparation 10 min **Cuisson** 3 min **Réfrigération** 1 nuit
300 g de chocolat noir ■ 100 g de beurre ■ 5 œufs ■ 50 g de sucre glace

*F*aites fondre le chocolat haché et le beurre détaillé en morceaux au four à micro-ondes ou au bain-marie pendant 3 minutes. Remuez ensuite le mélange au fouet pour bien le lisser.

Cassez les œufs et séparez les jaunes des blancs. Incorporez les jaunes au mélange de chocolat et de beurre, en fouettant. Battez les blancs en neige ferme, en ajoutant le sucre glace en pluie à la fin. Mélangez délicatement les blancs battus au mélange précédent, en soulevant la masse avec une spatule souple.

Mettez la mousse au chocolat dans une jatte ou répartissez-la dans des coupelles, et réservez au frais pendant toute une nuit.

Mon conseil Cette mousse peut être parfumée avec un alcool, comme le rhum vieux, le whisky ou le kirsch.

140

Mousse au chocolat à la crème

Pour 6 à 8 personnes

Préparation 10 min **Cuisson** 3 min **Réfrigération** 4 h

300 g de chocolat ame ■ 30 g de beurre ■ 1 jaune d'œuf + 3 blancs
■ 150 g de sucre glace ■ 25 cl de crème fleurette

*C*oupez le chocolat et le beurre en morceaux, puis faites-les fondre ensemble au four à micro-ondes ou au bain-marie. Incorporez le jaune d'œuf et le sucre glace, et laissez tiédir.

Battez les blancs en neige ferme. Fouettez la crème en chantilly et mélangez-la à la préparation au chocolat, puis incorporez délicatement les blancs battus, en soulevant la préparation.

Mettez dans une jolie jatte, et réservez au frais pendant 4 heures.

Mon conseil

Contrairement aux idées reçues, on peut mélanger la crème fouettée et les blancs battus à la préparation au chocolat avec un batteur électrique à petite vitesse ; la texture durcira au frais et sera parfaite.

Nectarines aux épices

Pour 6 personnes

Préparation 10 min **Cuisson** 45 min

75 cl de vin blanc (de type cabernet) ■ 25 cl d'eau ■ 350 g de sucre ■ 1 bâton de cannelle ■ 2 clous de girofle ■ 2 grains de piment de la Jamaïque ■ 1 étoile de badiane (anis étoilé) ■ 1 lanière de zeste de citron jaune ■ 12 nectarines

*M*ettez le vin, l'eau, le sucre, les épices et le zeste de citron dans une casserole, et faites bouillir sur feu vif et à découvert pendant 15 minutes.

Portez de l'eau à ébullition dans une grande casserole et passez-y les nectarines pendant juste quelques secondes, puis plongez-les dans une bassine d'eau froide pour arrêter la cuisson.

Pelez les nectarines, mettez-les dans le sirop et laissez-les pocher pendant 5 minutes sur feu doux avant de les égoutter. Faites réduire le sirop de moitié sur feu vif, puis laissez-le refroidir. Remettez alors les fruits dedans et réservez au frais jusqu'au moment de servir.

Mon conseil Des pêches blanches ou jaunes, en fonction du marché, conviennent aussi très bien pour cette recette.

Œufs à la neige et crème à la confiture de lait

Pour 6 personnes

Préparation 20 min **Cuisson** 15 min

8 blancs d'œuf ■ 30 g de sucre en poudre ■ 30 g de sucre glace

Pour la crème : 50 cl de lait entier ■ 4 jaunes d'œuf ■ 60 g de sucre en poudre ■ 4 cuil. à soupe de confiture de lait

*P*réchauffez le four à 120 °C (th. 4). Fouettez les blancs d'œuf en neige très ferme, en ajoutant les deux sucres à la fin. Déposez des tas de blancs battus sur la plaque du four humidifiée et faites-les cuire pendant 5 minutes, puis baissez la température à 90 °C (th. 3) et poursuivez la cuisson durant 5 minutes encore.

Faites chauffer le lait dans une casserole. Battez les jaunes et le sucre jusqu'à ce que le mélange blanchisse, puis incorporez le lait bouillant, versé en mince filet, sans cesser de remuer. Reversez l'ensemble dans la casserole et faites cuire sur feu doux pendant 5 minutes environ, jusqu'à ce que la crème épaississe. Mettez hors du feu, ajoutez la confiture de lait et laissez tiédir. Servez les œufs à la neige avec cette crème ou avec une crème anglaise classique.

Vous pouvez, juste avant de servir, napper les œufs d'un filet de caramel.

Orangettes

Pour 60 orangettes

Préparation 30 min **Cuisson** 5 min

250 g de chocolat noir de couverture ■ 60 aiguillettes d'orange confites

*H*achez grossièrement le chocolat, mettez-le dans une jatte résistant à la chaleur et faites-le fondre au bain-marie ou au four à micro-ondes, puis remuez-le avec le fouet pour qu'il soit bien lisse. Maintenez-le au chaud dans le bain-marie pour éviter qu'il ne durcisse.

Piquez une aiguillette sur une petite fourchette à deux dents, plongez-la dans le chocolat afin de la recouvrir entièrement et tapotez sur le bord de la jatte pour faire tomber l'excédent de chocolat, puis déposez l'aiguillette sur du papier sulfurisé. Recommencez cette opération jusqu'à épuisement des ingrédients. Laissez durcir à l'air, et rangez ensuite dans une boîte hermétique.

Mon conseil

On peut saupoudrer les orangettes avant que le chocolat ne durcisse avec 60 g d'amandes mondées, grillées à sec et grossièrement concassées.

Pain d'épice

Pour 6 à 8 personnes

Préparation 10 min **Cuisson** 1 h

15 cl de lait ■ 1 cuil. à soupe d'anis vert ■ 1 cuil. à soupe de cannelle ■ 2 étoiles de badiane ■ ½ cuil. à café de sel fin ■ 150 g de miel de châtaignier (ou de trèfle, ou de sapin) ■ 150 g de sucre roux ■ 250 g de farine bise ■ 1 sachet de levure chimique ■ 1 œuf ■ sucre en grains (gros sucre) ■ beurre pour le moule

*P*réchauffez le four à 180 °C (th. 6). Beurrez un moule à cake. Faites chauffer le lait dans une grande casserole avec les épices et le sel, puis laissez infuser pendant 10 minutes à couvert. Ajoutez alors le miel et le sucre roux, et remuez jusqu'à ce qu'ils soient dissous.

Mettez la farine et la levure dans une jatte, creusez un puits au milieu et versez le lait chaud dedans en remuant avec une cuillère. Ajoutez l'œuf entier, en remuant toujours jusqu'à ce que la pâte soit lisse, versez cette dernière dans le moule et parsemez de sucre en grains.

Enfournez et laissez cuire pendant 1 heure (si le dessus colore trop vite, couvrez-le d'aluminium). Démoulez ensuite le pain d'épice sur une grille et laissez-le refroidir. Emballé dans du papier d'aluminium, il se conservera pendant plusieurs jours.

Pain de mie

Pour 1 pain de 950 g

Préparation 30 min **Cuisson** 45 min **Repos** deux fois 1 h

20 cl de lait ■ 5 cl de crème fleurette ■ 80 g de beurre ■ 1 cuil. à café de sel (4 g) ■ 1 cuil. à soupe de sucre (15 g) ■ 15 cl d'eau tiède ■ 20 g de levure de boulanger fraîche ■ 500 g de farine ■ 1 petit œuf ■ beurre pour la cuisson

*D*élayez la levure dans l'eau tiède. Mettez le lait, la crème, le beurre coupé en morceaux, le sel et le sucre dans une petite casserole posée sur feu doux. Dès que le beurre est fondu, retirez du feu et laissez tiédir.

Versez le mélange dans une jatte, ajoutez l'eau et la levure ainsi que la moitié de la farine, et mélangez bien. Incorporez l'œuf entier et le reste de farine, puis pétrissez la pâte pendant 10 minutes à la main ou au robot, en ajoutant au besoin un peu de farine.

Couvrez la jatte d'un film alimentaire, posez-la près d'une source de chaleur (four éteint) et laissez lever la pâte pendant 1 heure.

Beurrez un grand moule à cake et tapissez-le de papier sulfurisé beurré. Posez la pâte sur le plan de travail fariné, pétrissez-la à nouveau pendant 5 minutes et façonnez-la en un gros boudin que vous mettrez dans le moule. Couvrez de film alimentaire et laissez à nouveau lever pendant 1 heure.

Préchauffez le four à 180 °C (th. 6). Enfournez le pain et faites-le cuire pendant 40 à 45 minutes, puis démoulez-le et laissez-le refroidir sur une grille. Pour deux pains, multipliez toutes les quantités par deux exactement.

Pain perdu

Pour 6 personnes

Préparation 10 min **Cuisson** 20 min

12 tranches de pain rassis, brioché ou non ▪ 25 cl de lait ▪ 25 cl de crème fleurette ▪ 1 cuil. à café de vanille en poudre ▪ 3 œufs ▪ 120 g de sucre ▪ 1 noix de beurre ▪ 2 cuil. à soupe de sucre cristallisé

*P*réchauffez le four à 180 °C (th. 6). Beurrez un plat à gratin et poudrez-le de sucre cristallisé.

Faites chauffer le lait et la crème avec la vanille dans une casserole. Fouettez vivement les œufs et le sucre, puis incorporez le mélange de lait et de crème, versé en mince filet, en remuant.

Disposez les tranches de pain dans le plat en les faisant se chevaucher, puis versez la préparation précédente dessus.

Posez le plat dans un plat plus grand, versez de l'eau bouillante à mi-hauteur de ce dernier, enfournez et faites cuire ainsi au bain-marie pendant 20 minutes environ. Servez tiède.

 Mon conseil Accompagnez ce dessert d'une compote de fruits de saison un peu sucrée, parfumée à la vanille.

Palets au chocolat et perles d'argent

Pour 25 palets environ

Préparation 5 min **Cuisson** 2 min **Réfrigération** 2 h

150 g de chocolat noir de couverture ■ 25 g de perles d'argent (ou autre décor en sucre fantaisie de votre choix)

*H*achez grossièrement le chocolat avec un couteau à longue lame. Faites-le fondre au four à micro-ondes ou au bain-marie, puis remuez-le au fouet pour bien le lisser.

Sur une toile de cuisson en silicone (de type Flexipan) ou sur un marbre, déposez des petits tas de chocolat légèrement tiédi, puis étalez-les avec le dos d'une cuillère. Décorez les palets obtenus avec les perles d'argent et mettez au frais pendant 2 heures. Servez avec le café, par exemple.

Palmiers

Pour 25 palmiers environ

Préparation 5 min **Cuisson** 15 min **Repos** 2 h

250 g de pâte feuilletée commandée chez le pâtissier ■ 150 g de sucre

*R*épartissez la moitié du sucre sur le plan de travail, étalez la pâte feuilletée dessus en lui donnant la forme d'un rectangle et saupoudrez-la avec le reste de sucre.

Repliez un quart du rectangle de pâte dans le sens de la longueur vers le centre, puis encore une fois jusqu'au milieu. Faites la même chose de l'autre côté. Repliez alors un côté sur l'autre, en appuyant un peu pour bien faire adhérer les couches, et réservez au frais pendant 2 heures.

Préchauffez le four à 210 °C (th. 7). Sortez la plaque en tôle, tapissez-la de papier sulfurisé ou utilisez une toile de cuisson en silicone (de type Flexipan). À l'aide d'un bon couteau, détaillez la pâte en tranches, que vous poserez au fur et à mesure sur la plaque, en les espaçant.

Enfournez les palmiers et laissez-les cuire pendant 15 minutes, en les retournant à mi-cuisson. Sortez-les du four, faites-les glisser sur une grille et laissez-les refroidir.

Mon conseil Pour accélérer le repos au frais, placez la pâte roulée avec le sucre dans le congélateur pendant 30 minutes avant de la découper en tranches.

Pâte à crêpes

Pour 25 crêpes environ

Préparation 5 min   **Cuisson** de 2 à 3 min par crêpe

250 g de farine ■ 6 œufs ■ 20 g de sucre ■ 1 pincée de sel ■ 50 cl de lait ■ 25 cl de crème fleurette ■ 7 cl de Grand Marnier (7 cuil. à soupe) ■ 50 g de beurre fondu

*M*élangez en fouettant la farine, les œufs entiers, le sucre et le sel. Ajoutez le lait, la crème et le Grand Marnier, toujours en fouettant, et incorporez enfin le beurre fondu refroidi. Laissez reposer cette pâte pendant 2 heures.

Faites cuire les crêpes de façon classique : chauffez un peu de beurre ou d'huile dans une poêle, versez-y 1 louche de pâte et faites cuire pendant 2 à 3 minutes, en retournant la crêpe à mi-cuisson.

Mon conseil

L'idéal pour confectionner une pâte à crêpes est le blender, ce robot-pichet avec une hélice à quatre pales qui émulsionne très bien les pâtes liquides. Si vous utilisez cet appareil, la pâte n'aura pas besoin de repos.

Pêches Melba

Pour 6 personnes

Préparation 20 min   **Cuisson** 6 min

6 pêches jaunes ou blanches ■ 1 litre de glace à la vanille ■ 50 cl de crème fleurette très froide ■ 1 gousse de vanille ■ 50 g de sucre glace ■ 100 g de gelée de groseille ■ ½ citron ■ 50 g d'amandes effilées

*F*aites griller les amandes dans une poêle sans ajout de matière grasse, puis laissez-les refroidir. Portez de l'eau à ébullition dans une grande casserole, plongez-y trois pêches et faites-les pocher pendant 3 minutes. Prélevez-les avec une écumoire et mettez-les aussitôt dans un bain d'eau froide, puis pelez-les et réservez-les sur du papier absorbant. Recommencez pour les trois autres fruits.

Coupez les pêches en deux et retirez les noyaux. Fendez la gousse de vanille en deux dans le sens de la longueur et récupérez les graines noires aromatiques à l'aide d'un petit couteau. Mettez-les dans une jatte avec la crème fleurette et fouettez en chantilly avec un batteur électrique, en ajoutant le sucre glace à la fin.

Chauffez la gelée de groseille dans une petite casserole sur feu doux avec le jus du demi-citron, en la remuant pour la lisser. Répartissez les pêches dans six coupelles, ajoutez dans chacune d'elles une boule de glace à la vanille, couvrez de chantilly, nappez de gelée de groseille et parsemez d'amandes effilées grillées. Servez aussitôt.

Pêches rôties

Pour 6 personnes

Préparation 15 min   **Cuisson** 25 min

6 pêches ■ 100 g d'amaretti (biscuits aux amandes) ■ 40 g de beurre mou ■ 30 g de pistaches non salées ■ 3 cuil. à soupe de sucre cristallisé ■ 6 boules de glace à la vanille

*P*réchauffez le four à 180 °C (th. 6). Coupez les pêches en deux, jetez les noyaux et prélevez un peu de pulpe avec une petite cuillère, sans aller trop loin. Posez les demi-pêches dans un plat allant au four.

Mettez la pulpe dans le bol d'un robot, ajoutez les biscuits concassés, le beurre et les pistaches, puis mixez grossièrement l'ensemble.

Répartissez la pâte obtenue dans les demi-pêches évidées et saupoudrez ces dernières de sucre cristallisé, puis versez un demi-verre d'eau dans le plat, enfournez et laissez cuire pendant 25 minutes. Servez tiède, avec une boule de glace à la vanille.

 Mon conseil Vous pouvez remplacer les amaretti, petits biscuits italiens, par des biscuits croquants aux amandes.

Petits-fours au thé vert et aux amandes

Pour 15 petits-fours environ

Préparation 10 min **Cuisson** 20 min

100 g de beurre ▪ 3 gros blancs d'œuf ▪ 100 g de sucre glace ▪ 40 g de farine ▪ 40 g d'amandes en poudre ▪ 1 cuil. à café de thé vert en poudre matcha ▪ ½ cuil. à café de miel ▪ 30 g d'amandes effilées

*P*réchauffez le four à 180 °C (th. 6). Mettez le beurre coupé en morceaux, dans une casserole et faites-le chauffer sur feu assez vif jusqu'à ce qu'il se colore et sente bon la noisette, puis retirez du feu.

Fouettez les blancs d'œuf au fouet pour les faire mousser, ajoutez le sucre glace, la farine, la poudre d'amandes, le thé vert, le miel et le beurre noisette tiédi, en remuant vivement jusqu'à ce que la pâte soit complètement lisse.

Posez quinze caissettes en papier de 5 cm de diamètre sur la plaque du four et répartissez la pâte dedans, en veillant à ne pas remplir les caissettes jusqu'en haut. Dispersez les amandes effilées sur le dessus, enfournez et faites cuire pendant 15 à 20 minutes. Laissez tiédir sur une grille avant de servir.

Mon conseil

On trouve les caissettes en papier au rayon pâtisserie des grandes surfaces. Elles n'ont pas besoin d'être beurrées, mais sont souvent très fines ; il est donc recommandé d'en superposer deux.

Petits gâteaux
à la rhubarbe

Pour 20 petits gâteaux environ

Préparation 10 min **Cuisson** 25 min

300 g de rhubarbe ∎ 125 g de beurre mou ∎ 3 œufs ∎ 240 g de sucre
∎ 1 sachet de sucre vanillé (ou 1 gousse de vanille) ∎ 50 de farine
∎ 50 g de Maïzena

*P*réchauffez le four à 180 °C (th. 6). Pelez la rhubarbe
et coupez-la en petits tronçons. Mettez ces derniers
dans une casserole avec 2 cuillerées à soupe d'eau et
80 g de sucre, et faites cuire pendant 5 minutes sur
feu vif, en remuant sans cesse. Retirez du feu, égouttez dans une passoire et réservez.

Cassez les œufs et séparez les jaunes des blancs.
Mettez les jaunes dans une jatte avec le beurre et le
reste de sucre, puis fouettez jusqu'à ce que la pâte soit
lisse. Ajoutez le sucre vanillé (ou les graines contenues dans la gousse de vanille), la farine et la Maïzena,
et remuez bien. Battez les blancs d'œuf en neige
ferme et mélangez-les délicatement à la préparation.

Posez des caissettes en papier de 5 cm de diamètre sur la plaque du four. Répartissez la pâte dans
les caissettes en les remplissant aux deux tiers, puis
ajoutez 1 cuillerée à café de rhubarbe par caissette.
Enfournez et laissez cuire pendant 15 à 20 minutes.
Servez tiède, dans les caissettes de cuisson.

Mon conseil
Vous pouvez utiliser de la rhubarbe surgelée, ou la remplacer par une petite cuillerée à café de confiture de rhubarbe ; réduisez alors à 100 g la quantité de sucre dans la pâte.

Petits moelleux au chocolat

Pour 6 personnes

Préparation 5 min **Cuisson** 10 min

150 g de chocolat noir + 12 carrés ■ 80 g de beurre ■ 90 g de sucre ■ 2 cuil. à soupe rases de farine ■ 4 œufs ■ beurre pour la cuisson

*P*réchauffez le four à 240 °C (th. 8). Beurrez six ramequins. Cassez le chocolat en morceaux et détaillez le beurre en parcelles.

Mettez-les tous les deux dans une jatte, faites-les fondre au bain-marie ou au four à micro-ondes, et lissez la préparation au fouet.

D'autre part, fouettez les œufs entiers et le sucre. Ajoutez la farine, puis le chocolat et le beurre fondus en remuant.

Versez la moitié de la préparation dans les ramequins, ajoutez deux carrés de chocolat dans chacun d'eux et terminez en répartissant le reste de la préparation. Enfournez et laissez cuire pendant 10 minutes.

Servez aussitôt les petits moelleux, saupoudrés si vous le souhaitez d'un nuage de sucre glace ou de cacao en poudre.

Mon conseil

Pour changer, vous pouvez remplacer le chocolat noir par du chocolat au lait, ou encore par du chocolat noir à l'orange ou aux éclats de noisette.

Pithiviers

Pour 8 personnes

Préparation 30 min **Cuisson** 40 min **Repos** 1 h

2 pâtons de pâte feuilletée de 250 g pièce, commandés chez le pâtissier ■ farine
Pour la crème : 120 g de beurre mou ■ 120 g de sucre ■ 150 g d'amandes en poudre ■ 1 cuil. à soupe de Maïzena ■ 2 œufs + 2 jaunes ■ 3 gouttes d'extrait d'amande amère
Pour la dorure : 1 jaune d'œuf
Pour le sirop : 50 g de sucre

*É*talez les pâtons sur le plan de travail fariné en deux disques de 24 cm de diamètre. Posez un des disques sur la plaque du four, préalablement tapissée de papier sulfurisé. Mettez le beurre, le sucre, les amandes en poudre, la Maïzena, l'arôme, les œufs et les jaunes dans le bol d'un robot, puis mixez par à-coups pendant quelques secondes, jusqu'à ce que vous ayez une crème lisse mais pas liquide.

Étalez cette crème sur le disque de pâte posé sur la plaque jusqu'à 3 cm du bord. Humidifiez le bord avec un peu d'eau, posez l'autre disque de pâte par-dessus et appuyez bien pour souder les bords. Mélangez le jaune d'œuf avec 1 cuillerée à soupe d'eau et badigeonnez-en toute la surface du pithi-viers, puis tracez des traits sur cette dernière pour la décorer. Réservez ensuite au frais pendant 1 heure.

Préchauffez le four à 240 °C (th. 8). Enfournez le pithiviers et laissez-le cuire pendant 10 minutes, puis réduisez la température à 180 °C (th. 6) et poursuivez la cuisson pendant 30 minutes encore. Faites bouillir le sucre avec 4 cuillerées à soupe d'eau pendant 4 minutes. Mettez le pithiviers sur une grille, badigeonnez-le aussitôt avec le sirop et laissez-le tiédir.

Mon conseil   Au moment de l'Épiphanie, n'oubliez pas de glisser une fève dans la crème afin de tirer les rois.

Poires farcies à la crème d'amandes

Pour 6 personnes

Préparation 30 min **Cuisson** 40 min

75 cl de monbazillac ▪ 75 cl d'eau ▪ 200 g de sucre ▪ 2 gousses de vanille ▪ 6 poires mûres mais fermes
Pour la crème : 125 g de beurre mou ▪ 125 g d'amandes en poudre ▪ 125 g de sucre ▪ 1 cuil. à soupe de Maïzena ▪ 1 œuf

Mettez dans une grande casserole le vin blanc, l'eau, le sucre et les gousses de vanille, fendues en deux dans le sens de la longueur, portez sur feu vif et laissez frémir pendant 10 minutes. Épluchez les poires, en les conservant entières, puis plongez-les dans le sirop bouillant et faites-les pocher pendant 15 minutes sur feu doux.

Pommes au four à l'estragon

Pour 6 personnes

Préparation 20 min   **Cuisson** 45 min

6 pommes (reines des reinettes de préférence) ■ 2 branches d'estragon (ou de basilic) ■ 6 cuil. à soupe de vin blanc moelleux ■ 60 g de beurre ■ 80 g de sucre cristallisé ■ beurre pour le moule

*P*réchauffez le four à 180 °C (th. 6). Lavez les pommes, évidez-les à l'aide d'un vide-pomme ou d'un petit couteau, puis tracez un trait au couteau aux deux tiers de la hauteur de chaque pomme, de façon à inciser la peau tout autour pour qu'elle n'éclate pas à la cuisson. Effeuillez l'estragon et ciselez les feuilles.

Posez les pommes dans un plat à four beurré. Dans chacune d'elles, mettez un peu d'estragon, 10 g de beurre, 10 g de sucre et 1 cuillerée à soupe de vin blanc, puis saupoudrez les fruits d'un peu de sucre cristallisé.

Versez un demi-verre d'eau dans le plat, enfournez et laissez cuire pendant 45 minutes. Servez ensuite chaud ou tiède.

Mon conseil Vous pouvez aussi couper les pommes en deux horizontalement et mettre les ingrédients dessus ; dans ce cas, veillez à arroser souvent pendant la cuisson.

Pommes caramélisées

Pour 6 personnes

Préparation 30 min **Cuisson** 1 h 25

8 pommes boskoop ■ 50 cl de lait ■ 2 sachets de sucre vanillé ■ 6 jaunes d'œuf ■ 80 g de sucre en poudre
Pour le caramel : 150 g de sucre (20 morceaux) ■ 3 cuil. à soupe d'eau

*V*ersez le sucre et l'eau dans un bol, mettez ce dernier dans le four à micro-ondes et faites cuire à pleine puissance pendant 5 minutes environ, jusqu'à ce que vous obteniez un caramel clair. Versez-le aussitôt dans un moule à bord haut de 22 cm de diamètre, en tournant pour bien répartir le caramel.

Préchauffez le four à 210 °C (th. 7), puis baissez la température à 180 °C (th. 6) au bout de 10 minutes.

Pelez les pommes, coupez-les en quatre et retirez le cœur ainsi que les pépins, puis détaillez chaque quartier en fines lamelles au robot ou avec la râpe à concombre. Disposez les lamelles de pomme dans le moule, sur le caramel, en tassant bien. Enfournez et laissez cuire pendant 45 minutes.

Faites chauffer le lait avec le sucre et le sucre vanillé sur feu doux. Mélangez les jaunes au fouet dans une jatte. Dès que le lait fume, versez-le en mince filet sur les jaunes, en remuant au fouet sans faire mousser. Reversez l'ensemble dans la casserole et faites cuire sur feu très doux pendant quelques minutes, en remuant sans cesse avec une cuillère en bois. Mettez hors du feu dès la première ébullition et remuez vivement (remettez éventuellement à cuire pendant quelques secondes si la crème anglaise n'est pas assez épaisse). Laissez ensuite refroidir.

Piquez les pommes en plusieurs endroits à l'aide d'un couteau pour faire remonter le caramel, puis détachez-les du bord, couvrez le moule d'une feuille de papier d'aluminium et poursuivez la cuisson pendant 30 minutes.

Sortez le moule du four dès la fin de la cuisson, laissez refroidir et mettez au frais jusqu'au moment de servir. Démoulez alors les pommes sur un plat et servez-les avec la crème anglaise.

 Mon conseil Ce dessert est encore meilleur le lendemain, après une nuit au frais.

Pommes caramélisées, sauce mascarpone et pistaches

Pour 6 personnes

Préparation 20 min **Cuisson** 20 min

6 pommes boskoop ▪ de 60 à 80 g de beurre ▪ 60 g de sucre en poudre ▪ 200 g de mascarpone ▪ 40 g de sucre glace ▪ 40 g de pistaches vertes (non salées)

*C*oupez les pommes en quatre, pelez-les, retirez le cœur et les pépins, puis recoupez chaque quartier en deux.

Faites fondre 60 g de beurre dans une grande poêle, disposez les lamelles de pomme dedans, saupoudrez-les de sucre et faites-les cuire pendant 20 minutes environ, en remuant souvent. Retournez-les à mi-cuisson, et ajoutez éventuellement un peu de beurre.

Mélangez le mascarpone et le sucre glace avec une fourchette, puis faites chauffer pendant 1 minute au four à micro-ondes ou dans une petite casserole posée sur feu doux. Concassez grossièrement les pistaches à la Moulinette électrique.

Pour servir, répartissez les pommes dans des assiettes chauffées, nappez-les de sauce au mascarpone et parsemez le tout de pistaches concassées.

Pommes d'amour

Pour 6 pommes

Préparation 2 min   **Cuisson** 8 min   **Repos** 2 min

6 pommes ■ 300 g de sucre ■ ½ verre d'eau ■ 1 petit flacon de colorant alimentaire rouge

*F*aites bouillir le sucre, l'eau et le colorant dans une casserole pendant 8 minutes. Mettez ensuite hors du feu et laissez reposer pendant 2 minutes.

Piquez les pommes (non épluchées) avec une pique en bois et trempez-les dans le caramel rouge en inclinant la casserole. Posez-les sur une grille et laissez-les refroidir, puis dégustez-les rapidement.

Mon conseil Pas facile de manger des pommes d'amour, mais c'est ludique et décoratif !

Pruneaux au thé
à la crème de cassis

Pour 4 personnes

Préparation 5 min **Cuisson** 2 min **Réfrigération** 48 h

500 g de pruneaux d'Agen ■ 2 cuil. à soupe de feuilles de thé (earl grey ou darjeeling) ■ 6 cuil. à soupe de crème de cassis de Dijon « Gabriel Boudier » ■ 1 lanière de zeste de citron jaune

Faites chauffer de l'eau jusqu'à frémissement, puis versez-la sur le thé et laissez infuser pendant 5 minutes à couvert.

Mettez les pruneaux dans une jatte avec le zeste de citron, et versez le thé bouillant dessus en le filtrant à l'aide d'une passoire. Laissez tiédir, puis ajoutez la crème de cassis, remuez, couvrez d'un film alimentaire et laissez mariner au réfrigérateur pendant 48 heures.

Servez les pruneaux et le jus bien frais dans des coupelles.

Mon conseil On peut aussi ajouter un verre de Grand Marnier si ce dessert n'est pas destiné à des enfants.

Quatre-quarts chocolat-amandes

Pour 6 à 8 personnes

Préparation 15 min **Cuisson** 30 min

200 g de chocolat noir ■ 250 g de beurre ■ 5 œufs ■ 125 g d'amandes en poudre ■ 140 g de sucre glace ■ 80 g de farine ■ 1 sachet de levure chimique ■ beurre pour le moule

*P*réchauffez le four à 200 °C (th. 6-7). Beurrez un moule à manqué. Faites fondre le chocolat, cassé en morceaux, et le beurre, détaillé en parcelles, au four à micro-ondes ou au bain-marie.

Cassez les œufs et séparez les jaunes des blancs. Fouettez les jaunes et le sucre glace jusqu'à ce que le mélange blanchisse, puis ajoutez le chocolat et le beurre fondus, en fouettant toujours. Incorporez alors la poudre d'amandes, la farine et la levure.

Battez les blancs en neige ferme, mélangez-les délicatement à la préparation précédente en soulevant la masse avec une spatule souple, et versez le tout dans le moule. Baissez la température du four à 180 °C (th. 6), enfournez et laissez cuire pendant 30 minutes environ.

À l'issue de la cuisson, sortez le gâteau du four, laissez-le tiédir avant de le démouler et de le poser sur une grille, où il refroidira avant d'être dégusté.

Quatre-quarts au chocolat, aux amandes et aux pêches

Pour 8 à 10 personnes

Préparation 15 min **Cuisson** 35 min

250 g de chocolat noir ■ 180 g de beurre ■ 4 œufs ■ 160 g de sucre ■ 80 g de farine ■ 125 g d'amandes en poudre ■ 3 pêches blanches ■ 2 cuil. à soupe d'amandes effilées ■ beurre pour le moule

*P*réchauffez le four à 180 °C (th. 6) et beurrez un moule à cake.

Cassez le chocolat en morceaux et détaillez le beurre en parcelles. Faites-les fondre ensemble au four à micro-ondes ou dans un bain-marie, puis remuez au fouet jusqu'à ce que la préparation soit lisse.

Cassez les œufs et séparez les jaunes des blancs. Fouettez les jaunes et le sucre jusqu'à ce que le mélange blanchisse, puis incorporez la farine, les amandes en poudre, le chocolat et le beurre fondus. Battez les blancs d'œuf en neige ferme, mélangez-les à la préparation précédente en soulevant délicatement, et versez le tout dans le moule.

Pelez les pêches si vous le souhaitez (ce n'est pas indispensable). Coupez-les en quartiers et déposez-les sur la pâte, en les enfonçant un peu. Parsemez d'amandes effilées, enfournez et faites cuire pendant 35 minutes environ. Laissez tiédir le quatre-quarts sur une grille avant de le déguster, tiède ou froid.

Mon conseil

Ce gâteau est encore meilleur avec des pêches de vigne ; de bonnes pêches jaunes ou encore des nectarines conviendront aussi très bien.

Quatre-quarts au citron

Pour 6 à 8 personnes

Préparation 15 min   **Cuisson** 40 min

200 g de sucre ■ 200 g de beurre mou ■ 4 œufs ■ 125 g d'amandes en poudre ■ 1 citron non traité ■ 140 g de Maïzena ■ ½ sachet de levure chimique ■ beurre pour le moule

*P*réchauffez le four à 180 °C (th. 6). Beurrez un moule à cake et tapissez-le de papier sulfurisé, beurré lui aussi.

Cassez les œufs et séparez les jaunes des blancs. Mettez les jaunes dans une jatte avec le sucre et le beurre mou, et fouettez jusqu'à ce que le mélange blanchisse.

Brossez le citron sous l'eau chaude, essuyez-le, râpez son zeste et pressez-le pour recueillir son jus. Ajoutez le zeste et le jus au mélange précédent, puis incorporez la Maïzena, la levure et les amandes en poudre.

Battez les blancs d'œuf en neige ferme. Mélangez-les délicatement à la préparation en soulevant avec une spatule souple, puis versez la pâte dans le moule, enfournez et faites cuire pendant 40 minutes environ. Démoulez sur une grille et laissez refroidir avant de déguster.

Mon conseil

Vous pouvez utiliser de la farine de blé dans les mêmes proportions : la pâte sera seulement un peu moins fine.

Quatre-quarts au confit de violettes

Pour 6 à 8 personnes

Préparation 10 min **Cuisson** 40 min

250 g de sucre ∎ 4 gros œufs ∎ 250 g de beurre mou ∎ 125 g d'amandes en poudre ∎ 200 g de farine ∎ 1 sachet de levure chimique ∎ 1 pot de confit de violettes (ou de confiture de pétales de rose) ∎ 3 cuil. à soupe de sucre glace ∎ beurre pour la cuisson ∎ quelques violettes cristallisées

*P*réchauffez le four à 180 °C (th. 6). Beurrez un moule à manqué.

Cassez les œufs et séparez les jaunes des blancs. Fouettez les jaunes et le sucre jusqu'à ce que le mélange blanchisse, puis ajoutez le beurre, la poudre d'amandes, la farine et la levure sans cesser de fouetter. Battez les blancs en neige ferme et mélangez-les délicatement à la pâte, en soulevant la préparation.

Versez la pâte dans le moule, enfournez et laissez cuire pendant 40 minutes, puis démoulez le quatre-quarts, posez-le sur une grille et laissez-le refroidir.

Coupez le gâteau en deux dans le sens de l'épaisseur avec un long couteau-scie. Étalez le confit de violettes sur la partie basse du gâteau, couvrez avec la seconde partie, saupoudrez de sucre glace et décorez de violettes cristallisées.

Quatre-quarts aux pommes

Pour 6 personnes

Préparation 15 min **Cuisson** 45 min

200 g de sucre ▪ 4 œufs ▪ 200 g de farine ▪ ½ sachet de levure chimique ▪ 1 pincée de sel ▪ 200 g de beurre mou ▪ 2 pommes ▪ beurre et farine pour le moule

*P*réchauffez le four à 200 °C (th. 6-7). Beurrez un moule à manqué et farinez-le. Pelez les pommes, coupez-les en quatre et retirez-leur le cœur ainsi que les pépins, puis détaillez-les en fines lamelles.

Cassez les œufs et séparez les jaunes des blancs. Fouettez les jaunes et le sucre jusqu'à ce que le mélange blanchisse. Ajoutez alors la farine, la levure et, enfin, le beurre très mou, en fouettant toujours vigoureusement.

Battez les blancs d'œuf en neige ferme avec le sel et mélangez-les délicatement à la préparation avec les lamelles de pomme, en soulevant la masse avec une spatule souple.

Versez la pâte dans le moule, enfournez et laissez cuire pendant 10 minutes, puis baissez la température à 180 °C (th. 6) et poursuivez la cuisson pendant 35 minutes de plus.

Riz au lait à l'ancienne

Pour 6 à 8 personnes

Préparation 5 min **Cuisson** 1 h 10

100 g de riz rond (7 cuil. à soupe) ■ 20 cl d'eau ■ 1 litre de lait entier ■ 2 gousses de vanille (ou 2 sachets de sucre vanillé) ■ 100 g de sucre (14 morceaux)

*P*réchauffez le four à 200 °C (th. 6-7). Mettez le riz dans une casserole avec l'eau, portez doucement à ébullition et laissez cuire, en remuant de temps à autre, jusqu'à ce que le riz ait absorbé toute l'eau. Pendant ce temps, faites chauffer le lait avec le sucre et la gousse de vanille (fendue en deux dans le sens de la longueur) dans un poêlon pouvant aller au four.

Dès que le riz est prêt, mélangez-le au lait, enfournez et laissez cuire pendant 30 minutes. Remuez alors le riz pour percer la peau qui s'est formée, puis recommencez l'opération 15 minutes plus tard et poursuivez la cuisson pendant encore 15 minutes. Sortez le poêlon du four et laissez refroidir le riz au lait avant de le servir, tiède ou froid.

Mon conseil

Le riz rond italien pour risotto donne un très bon résultat.

Rochers à la noix de coco

Pour 12 rochers environ

Préparation 10 min **Cuisson** 15 min

180 g de noix de coco râpée ■ 130 g de sucre ■ 2 gros blancs d'œuf
■ 1 gousse de vanille ■ 1 pincée de sel

*P*réchauffez le four à 180 °C (th. 6). Posez une feuille de papier sulfurisé sur la plaque du four.

Fendez la gousse de vanille en deux dans le sens de la longueur, puis récupérez les graines noires qu'elle contient à l'aide d'un petit couteau et mettez-les dans une jatte. Ajoutez la noix de coco, le sucre et le sel, puis les blancs d'œuf, en remuant avec une cuillère de bois jusqu'à ce que vous obteniez une pâte.

Prélevez des petites boules de cette pâte, posez-les sur la plaque du four et façonnez-les en pointe, comme des pyramides. Enfournez et faites cuire pendant 15 minutes, puis laissez les rochers refroidir sur une grille.

Mon conseil

Vous pouvez déposer les rochers directement sur la plaque en tôle du four après l'avoir passée sous l'eau froide sans l'essuyer.

Sabayon de fruits rouges et meringue

Pour 6 personnes

Préparation 15 min **Cuisson** 10 min

600 g de fruits rouges (framboises, groseilles, myrtilles, cassis et petites fraises) ■ 50 g de sucre ■ 2 meringues
Pour le sabayon : 6 jaunes d'œuf ■ 120 g de sucre ■ 20 cl de vin blanc sec ■ ½ citron

*É*grappez les groseilles et les cassis, équeutez les fraises. Mettez les groseilles, les cassis et les myrtilles dans une petite casserole avec le sucre et un demi-verre

d'eau, portez sur feu vif et laissez cuire pendant 5 minutes. Ajoutez alors les framboises et les fraises, remuez délicatement et retirez du feu.

Fouettez les jaunes d'œuf et le sucre dans une jatte résistant à la chaleur jusqu'à ce que le mélange blanchisse. Faites chauffer un peu d'eau dans une casserole pour le sabayon. Posez la jatte dessus, versez le vin blanc et le jus du demi-citron sur le mélange d'œufs et de sucre, et faites cuire sur feu vif en fouettant au batteur électrique jusqu'à ce que la préparation épaississe. Mettez ensuite hors du feu.

Cassez les meringues en morceaux. Dans des verres, alternez les fruits cuits, le sabayon et la meringue concassée, et réservez au frais jusqu'au moment de servir.

Mon conseil

Utilisez un vin blanc sec de type sauvignon, car les vins moelleux se révèlent beaucoup trop sucrés.

Sablés à la confiture

Pour 20 sablés environ

Préparation 15 min **Cuisson** 10 min **Repos** 30 min

300 g de farine ■ 1 pincée de sel ■ 150 g de beurre ■ 180 g de sucre ■ 1 œuf ■ confiture de framboises ■ sucre glace ■ beurre pour la cuisson

*M*ettez la farine, le sel, le beurre coupé en morceaux et le sucre dans le bol d'un robot, puis mixez à grande vitesse jusqu'à ce que vous obteniez un mélange sableux. Incorporez alors l'œuf entier, en mixant par à-coups jusqu'à ce que la pâte forme une boule. Enveloppez-la de film alimentaire et réservez-la au frais pendant 30 minutes.

Sortez les plaques du four et préchauffez ce dernier à 210 °C (th. 7). Tapissez les plaques de papier sulfurisé beurré ou utilisez des toiles de cuisson en silicone (de type Flexipan). Farinez le plan de travail et étalez-y la pâte sur une épaisseur de 5 mm. Découpez la pâte en disques à l'aide d'un emporte-pièce, puis faites un trou au milieu de la moitié des sablés avec un emporte-pièce plus petit.

Disposez les biscuits sur les plaques de cuisson, enfournez et laissez cuire pendant 10 minutes. Rangez-les ensuite sur une grille et laissez-les refroidir. Saupoudrez les sablés troués de sucre glace, tartinez les sablés entiers de confiture, puis posez les sablés troués sur les sablés à la confiture.

Sablés au citron

Pour 40 sablés environ

Préparation 10 min **Repos** 30 min **Cuisson** 10 min

250 g de farine ■ 1 pincée de sel ■ 80 g de sucre glace ■ 1 sachet de sucre vanillé ■ 1 cuil. à café rase de levure chimique ■ 1 jaune d'œuf ■ le zeste râpé d'un demi-citron ■ 10 cl de crème fleurette ■ 100 g de beurre mou
Pour le glaçage : 60 g de sucre glace ■ 1 petit blanc d'œuf ■ le jus d'un demi-citron

Tamisez la farine, le sucre glace et la levure au-dessus d'une jatte. Ajoutez le sel, le sucre vanillé, le jaune d'œuf, le zeste du demi-citron et la crème, mélangez bien et ajoutez le beurre mou. Formez une boule avec la pâte, enveloppez-la de film plastique alimentaire et mettez-la au frais pendant 30 minutes.

Préchauffez le four à 180 °C (th. 6). Tapissez la plaque du four de papier sulfurisé. Sur le plan de travail fariné, étalez la pâte sur une épaisseur de 5 mm, puis découpez des formes avec un emporte-pièce ou avec un verre retourné. Disposez les biscuits sur la plaque, enfournez-les et faites-les cuire pendant 10 minutes, puis laissez-les refroidir sur une grille.

Mélangez le sucre glace, le blanc d'œuf et le jus de citron. Vous devez obtenir une pâte épaisse assez souple ; sinon, ajoutez un peu de sucre. Étalez ce glaçage au pinceau sur chaque biscuit et laissez sécher à l'air libre pendant plusieurs heures.

Sablés aux noisettes

Pour 50 sablés environ

Préparation 10 min **Cuisson** 20 min **Repos** 2 h

125 g de noisettes entières ■ 200 g de beurre mou ■ 200 g de sucre glace ■ 150 g de farine ■ 150 g de fécule de pomme de terre ■ 1 gros jaune d'œuf ■ 2 cuil. à soupe de sucre cristallisé ■ beurre pour la cuisson ■ sel fin

$\mathcal{F}$aites griller les noisettes dans une poêle sans matière grasse pendant 3 minutes environ, en secouant la poêle de temps en temps, puis frottez-les dans un torchon pour leur retirer la peau. Concassez grossièrement quelques noisettes et mixez finement le reste.

Fouettez le beurre mou et le sucre glace jusqu'à ce que le mélange blanchisse. Ajoutez les noisettes en poudre, la farine, la fécule, 2 grosses pincées de sel et le jaune d'œuf, puis mélangez bien, jusqu'à ce que vous obteniez une pâte homogène.

Séparez la pâte en trois boules, roulez-les en forme de cylindre et réservez-les au frais dans du film alimentaire pendant 2 heures. Préchauffez le four à 180 °C (th. 6). Tapissez deux plaques à pâtisserie de papier sulfurisé beurré.

Détaillez les cylindres de pâte en rondelles, puis disposez ces dernières sur les plaques de cuisson, en les espaçant car la pâte gonfle en cuisant. Parsemez les sablés de noisettes concassées et de sucre cristallisé, enfournez et faites cuire de 15 à 20 minutes.

À l'issue de la cuisson, laissez les sablés refroidir sur une grille avant de les conserver au sec, dans une boîte en fer.

Mon conseil

Vous pouvez utiliser des noisettes déjà réduites en poudre et vendues en sachets, mais les sablés seront moins savoureux.

Sablés bretons aux agrumes confits

Pour 18 sablés environ

Préparation 30 min   **Réfrigération** 1 nuit   **Cuisson** 30 min

2 pamplemousses roses non traités ■ 2 oranges non traitées ■ 270 g de sucre ■ 120 g de beurre au sel de Guérande ■ 1 œuf + 1 jaune ■ 200 g de farine ■ 2 sachets de levure chimique (22 g) ■ beurre pour la cuisson

*P*réparez la pâte à sablés : mettez le beurre mou, l'œuf entier, le jaune et 120 g de sucre dans le bol d'un robot, puis mixez durant quelques secondes ; ajoutez la farine et la levure, et mixez par à-coups jusqu'à ce que la pâte forme une boule. Enveloppez-la de film alimentaire et réservez-la au frais jusqu'au lendemain.

Brossez 1 orange sous l'eau très chaude, essuyez-la et prélevez son zeste avec un couteau économe. Émincez finement ce dernier avec un petit couteau et mettez-le dans une casserole avec le reste de sucre et 15 cl d'eau, puis portez à ébullition et laissez bouillir pendant 10 minutes.

Pendant ce temps, pelez les agrumes à vif : retirez l'écorce avec un couteau-scie jusqu'à la chair, puis glissez le couteau le long des membranes qui séparent les quartiers afin de les ôter. Prélevez juste les quartiers de pulpe, plongez-les dans la casserole et laissez frémir pendant 5 minutes, puis retirez du feu et laissez refroidir dans le sirop toute la nuit.

Le lendemain, préchauffez le four à 180 °C (th. 6). Beurrez une plaque de cuisson recouverte de papier sulfurisé, beurré lui aussi. Étalez la pâte sur le plan de travail fariné sur une épaisseur de 1 cm, découpez des disques de pâte à l'aide d'un petit verre et disposez-les sur la plaque. Enfournez et faites cuire pendant environ 15 minutes, puis laissez refroidir sur une grille. Servez les sablés avec les fruits confits égouttés.

Sablés de Noël

Pour 40 sablés environ

Préparation 20 min **Cuisson** 12 min **Repos** 2 h

220 g de farine ▪ 125 g de beurre ▪ 80 g de sucre glace ▪ 40 g d'amandes en poudre ▪ 1 œuf

Pour le décor : 1 œuf ▪ sucres colorés

*M*ettez la farine, le beurre coupé en morceaux, le sucre glace et les amandes en poudre dans le bol d'un robot, puis mixez jusqu'à ce que vous obteniez un mélange sableux. Ajoutez alors l'œuf entier et mixez par à-coups jusqu'à ce que la pâte forme une boule. Enveloppez cette dernière de film alimentaire et réservez-la au frais pendant 2 heures.

Préchauffez le four à 180 °C (th. 6). Farinez le plan de travail et abaissez la pâte sur une épaisseur de 5 mm. Découpez dedans des formes typiques de Noël (sapins, traîneaux, figurines, etc.), que vous poserez au fur et à mesure sur une toile de cuisson en silicone (de type Flexipan) ou sur du papier sulfurisé beurré.

Badigeonnez les sablés d'œuf battu et saupoudrez-les de sucres colorés : jaune, rouge et vert. Enfournez la plaque et laissez cuire les sablés pendant 12 minutes, puis posez-les sur une grille le temps qu'ils refroidissent.

Sablés viennois

Pour 40 sablés environ

Préparation 10 min **Cuisson** 15 min

100 g de beurre mou ■ 40 g de sucre glace ■ 1 petit blanc d'œuf
■ 1 pincée de sel ■ 1 cuil. à café de vanille en poudre ■ 120 g de farine
■ beurre pour la cuisson

*P*réchauffez le four à 180 °C (th. 6). Sortez la plaque à pâtisserie, tapissez-la de papier sulfurisé beurré ou utilisez une toile de cuisson en silicone (de type Flexipan).

Mélangez le beurre mou, le sucre glace, le blanc d'œuf, le sel et la vanille dans le bol d'un robot jusqu'à ce que la pâte soit lisse. Ajoutez la farine et mixez par à-coups jusqu'à ce que la pâte forme une boule.

Mettez la pâte dans une poche munie d'une douille cannelée et formez, directement sur la plaque, des biscuits en forme de « W », espacés les uns des autres. Enfournez la plaque et laissez cuire les sablés pendant 12 à 15 minutes.

Ces biscuits sont vendus sous le nom de « Sprits » dans le commerce. Vous pouvez les utiliser pour le cheese-cake.

Soufflé au Grand Marnier

Pour 6 personnes

Préparation 20 min **Cuisson** 30 min

60 cl de lait ■ 2 gousses de vanille ■ 6 œufs ■ 180 g de sucre en poudre ■ 60 g de farine ■ 8 cuil. à soupe de Grand Marnier ■ 30 g de beurre ■ 1 pincée de sel ■ sucre glace ■ sucre cristallisé

*V*ersez le lait dans une grande casserole, ajoutez les gousses de vanille (fendues en deux dans le sens de la longueur) et faites chauffer.

Cassez les œufs et séparez les jaunes des blancs. Fouettez les jaunes avec 130 g de sucre jusqu'à ce que le mélange blanchisse, ajoutez la farine en remuant, puis incorporez le lait, versé en mince filet, en retirant la vanille et en mélangeant douce-ment sans faire mousser.

Rincez la casserole, reversez la crème à la vanille dedans et faites-la cuire sur feu doux pendant 5 minutes environ, jusqu'à ce qu'elle se détache des parois de la casserole. Versez-la dans une jatte et laissez-la refroidir en remuant souvent, puis ajoutez le Grand Marnier.

Beurrez un moule à soufflé en porcelaine et pou-drez-le de sucre cristallisé, en tournant le moule dans tous les sens pour bien répartir le sucre. Préchauffez le four à 240 °C (th. 8).

Au dernier moment, battez les blancs en neige ferme avec le sel, puis ajoutez les 50 g de sucre restants à la fin, toujours en fouettant. Mélangez délicatement les blancs battus à la crème refroidie, en soulevant avec une spatule souple, et versez cette préparation dans le moule.

Aussitôt après avoir versé la pâte dans le moule, passez la lame d'un couteau tout le long du bord pour décoller la pâte de ce dernier et permettre au soufflé de bien gonfler. Saupoudrez de sucre glace, enfournez et laissez cuire pendant 10 minutes. Réduisez alors la température à 180 °C (th. 6) et prolongez la cuisson de 15 minutes. Servez aussitôt.

Mon conseil Vous pouvez préparer la crème pâtissière la veille ; ce qui compte, c'est de mélanger la crème et les blancs battus au dernier moment.

Soupe de cerises et cerises cristallisées

Pour 4 personnes

Préparation 10 min **Cuisson** 10 min

800 g de cerises ■ 2 verres de vin rouge ■ 120 g de sucre

$\mathcal{D}$ans une sauteuse à bord haut, faites bouillir le vin et 80 g de sucre pendant 5 minutes. Retirez les queues des cerises, à l'exception de celles d'une douzaine de fruits, que vous mettrez de côté. Jetez les cerises équeutées dans le vin, baissez le feu et faites cuire pendant 5 minutes, puis réservez hors du feu.

Mettez les cerises réservées et le reste de sucre (40 g) dans une poêle à revêtement antiadhésif, portez sur feu assez vif et, dès que le sucre commence à fondre, secouez la poêle dans tous les sens afin d'en enrober les fruits.

Répartissez les cerises dans quatre coupelles, posez les cerises cristallisées dessus et servez. Vous pouvez rendre ce dessert plus délicieux encore en le servant avec une glace au nougat.

Mon conseil

Vous pouvez utiliser un vin rouge un peu corsé, de type madiran, ou un saumur.

Soupe de fruits rouges au guignolet

Pour 6 personnes

Préparation 10 min   **Cuisson** 15 min   **Repos** 1 h

800 g environ de fruits rouges mélangés (fraises, framboises, cerises, groseilles, myrtilles) ■ 50 cl de vin d'Anjou rouge ■ 50 g de sucre en poudre ■ 3 brins de serpolet (thym sauvage) ■ 4 cuil. à soupe de guignolet

$\mathcal{V}$ersez le vin dans une large sauteuse, ajoutez le sucre et faites réduire de moitié sur feu vif.

Équeutez les fraises, dénoyautez les cerises et égrappez les groseilles. Mettez tous les fruits dans la sauteuse et faites cuire sur feu très doux pendant 5 minutes. Ajoutez le serpolet au dernier moment, puis mettez la préparation dans une jatte et laissez-la tiédir.

Versez alors le guignolet, couvrez d'un film alimentaire et réservez au frais pendant au moins 1 heure, jusqu'au moment de servir.

Mon conseil

L'hiver, réalisez cette recette en remplaçant le vin rouge par un vin blanc doux et les fruits rouges par des pommes, des poires, des prunes et des abricots secs.

Tarte à l'orange meringuée

Pour 8 à 10 personnes

Préparation 30 min **Cuisson** 35 min **Repos** 3 h

2 oranges non traitées ■ 100 g de beurre ■ 200 g de sucre ■ 3 gros œufs ■ 50 g d'amandes effilées ■ beurre pour la cuisson

Pour la pâte : 250 g de farine ■ 130 g de beurre ■ 50 g d'amandes en poudre ■ 80 g de sucre glace ■ 3 jaunes d'œuf

Pour la meringue : 3 blancs d'œuf ■ 6 cuil. à soupe de sucre

*P*réparez la pâte : mettez la farine, le beurre en morceaux, les amandes et le sucre glace dans le bol d'un robot, puis mixez jusqu'à ce que le mélange soit sableux ; ajoutez alors les jaunes d'œuf par la cheminée du robot et mixez par à-coups jusqu'à ce que la pâte forme une boule. Enveloppez-la dans du film alimentaire et réservez au frais pendant 3 heures.

Brossez 1 orange sous l'eau chaude, essuyez-la et râpez son zeste. Pressez les 2 oranges. Faites fondre le beurre dans une casserole. Fouettez les œufs entiers et le sucre, ajoutez-les dans la casserole avec le zeste et le jus d'orange, puis faites épaissir sur feu moyen en remuant sans cesse 10 minutes environ.

Préchauffez le four à 210 °C (th. 7). Beurrez un grand moule à tarte. Étalez la pâte sur le plan de travail fariné, piquez-la de quelques coups de fourchette et mettez-la dans le moule, puis versez la crème à l'orange dans le fond de tarte, enfournez et laissez cuire pendant 25 minutes.

À l'issue de la cuisson, démoulez la tarte et laissez-la tiédir sur une grille. Battez les blancs d'œuf en neige ferme, ajoutez le sucre en pluie à la fin et étalez cet appareil à meringue sur la tarte, puis parsemez d'amandes effilées. Passez quelques minutes sous le gril du four pour dorer la meringue et servez aussitôt.

Tarte au chocolat cuite

Pour 10 personnes

Préparation 20 min **Cuisson** de 40 à 50 min

300 g de chocolat noir ■ 20 cl de crème fleurette ■ 3 œufs ■ beurre pour le moule

Pour la pâte : 125 g de beurre ■ 90 g de sucre glace ■ 30 g d'amandes en poudre ■ 250 g de farine ■ 1 œuf ■ 1 cuil. à café de vanille liquide

*C*oupez le beurre en morceaux, ajoutez le sucre glace, la poudre d'amandes et la vanille, puis mélangez du bout des doigts ou à l'aide d'un robot. Ajoutez la farine et l'œuf, et formez une boule de pâte que vous réserverez pendant 15 minutes dans le congélateur.

Préchauffez le four à 170 °C (th. 5-6). Beurrez un moule à tarte. Cassez le chocolat en morceaux (ou hachez-le avec un grand couteau) et mettez-le dans une jatte. Portez la crème à ébullition, versez-la sur le chocolat et remuez jusqu'à ce qu'il soit fondu, puis ajoutez les œufs un à un, en fouettant.

Étalez la pâte sur le plan de travail fariné, piquez-la de quelques coups de fourchette et mettez-la dans le moule, côté piqué en dessous. Enfournez et laissez cuire le fond de pâte à blanc pendant 10 minutes, puis sortez-la du four. N'éteignez pas ce dernier, mais baissez la température à 120 °C (th. 4).

Versez le mélange œufs-chocolat dans le fond de tarte, remettez dans le four et poursuivez la cuisson pendant 30 à 40 minutes. Laissez tiédir la tarte hors du four sur une grille, et servez-la à température ambiante.

Mon conseil On a tendance à piquer la pâte lorsqu'elle est déjà dans le moule, alors qu'il faut la piquer avant et mettre le côté piqué vers le moule afin que la chaleur se diffuse mieux.

Tarte au chocolat et aux noix caramélisées

Pour 6 à 8 personnes

Préparation 20 min   **Cuisson** 20 min   **Réfrigération** 2 h

250 g de chocolat noir ■ 30 cl de crème fleurette ■ 60 g de beurre mou ■ 125 g de cerneaux de noix ■ 100 g de sucre ■ beurre pour la cuisson
Pour la pâte : 120 g de beurre ■ 50 g de sucre glace ■ 50 g d'amandes en poudre ■ 150 g de farine ■ 1 jaune d'œuf ■ 4 cuil. à soupe d'eau

Mettez le beurre, le sucre glace, les amandes en poudre et la farine dans le bol d'un robot, puis mixez jusqu'à ce que vous obteniez un mélange sableux. Ajoutez alors le jaune d'œuf et l'eau par la cheminée du robot, et mixez par à-coups jusqu'à ce que la pâte forme une boule (vous pouvez aussi faire cette pâte à la main ; dans ce cas, utilisez du beurre mou). Enveloppez la pâte dans du film alimentaire et mettez-la dans le congélateur pendant 15 minutes.

Préchauffez le four à 210 °C (th. 7). Beurrez un moule à tarte. Hachez finement le chocolat avec un grand couteau et mettez-le dans une jatte. Faites bouillir la crème et versez-la sur le chocolat, en remuant jusqu'à ce que le mélange soit lisse, puis ajoutez le beurre.

Préparez un caramel clair en faisant bouillir le sucre et 4 cuillerées à soupe d'eau pendant quelques minutes. Jetez les cerneaux de noix dans ce caramel et renversez l'ensemble sur un marbre pour le laisser refroidir.

Étalez la pâte sur le plan de travail fariné, piquez-la de plusieurs coups de fourchette et mettez-la dans le moule. Faites cuire le fond de pâte à blanc pendant 10 minutes, puis baissez la température à 180 °C (th. 6) et poursuivez la cuisson pendant 10 minutes encore.

Concassez grossièrement les noix caramélisées à l'aide d'une Moulinette électrique, réservez-en un peu pour le décor et mettez le reste dans le fond de tarte précuit. Versez dessus le mélange au chocolat et mettez au frais de 2 à 24 heures. Juste avant de servir, posez la tarte sur un plat et répartissez dessus les noix caramélisées réservées.

Tarte au lait de poule

Pour 6 personnes

Préparation 10 min **Cuisson** 1 h **Repos** 3 h

40 cl de lait ▪ 30 cl de crème fleurette ▪ 3 œufs ▪ 150 g de sucre
▪ 1 gousse de vanille ▪ 4 cuil. à soupe rases de Maïzena ▪ 1 cuil. à soupe
de sucre en gros grains ▪ beurre pour la cuisson
Pour la pâte : 220 g de farine ▪ 60 g de sucre ▪ 2 pincées de sel
▪ 140 g de beurre ▪ 2 jaunes d'œuf ▪ 5 cuil. à soupe d'eau froide

*P*réparez la pâte : mettez la farine, le sucre, le sel et le
beurre en morceaux dans le bol d'un robot, puis
mixez jusqu'à l'obtention d'un mélange sableux ;
ajoutez les jaunes d'œuf et l'eau par la cheminée du
robot et mixez par à-coups jusqu'à ce que la pâte
forme une boule. Enveloppez-la de film alimentaire
et réservez au frais pendant 3 heures (ou au congélateur durant 30 minutes).

Fendez la gousse de vanille en deux dans le sens
de la longueur, retirez les graines noires aromatiques avec un petit couteau et mettez-les dans une
jatte. Ajoutez en fouettant les œufs entiers, le sucre
et la Maïzena, puis incorporez le lait et la crème à la
préparation, en veillant à ne pas la faire mousser.

Préchauffez le four à 200 °C (th. 6-7). Beurrez
un moule à tarte. Étalez la pâte sur le plan de travail
fariné, piquez-la de quelques coups de fourchette et
mettez-la dans le moule, côté piqué en dessous.

Versez la préparation dedans, enfournez et laissez c...
pendant 30 minutes, puis baissez la température ...
180 °C (th. 6) et poursuivez la cuisson pendant
30 minutes. Laissez tiédir sur une grille, et parsemez
de sucre en gros grains avant de servir.

Tarte aux amandes et au thé vert

Pour 6 à 8 personnes

Préparation 20 min **Cuisson** 50 min **Repos** 3 h

125 g de sucre ■ 125 g d'amandes en poudre ■ 1 cuil. à soupe de Maïzena
■ 100 g de crème fraîche épaisse ■ 2 œufs ■ 1 cuil. à café bombée de
thé vert matcha ■ beurre pour le moule
Pour la pâte : 220 g de farine ■ 125 g de beurre ■ 80 g de sucre glace
■ 40 g d'amandes en poudre ■ 1 œuf

*P*réparez la pâte : mettez la farine, le beurre, le sucre
glace et les amandes dans le bol d'un robot, puis mixez
rapidement pour obtenir un mélange sableux ; ajoutez
l'œuf et mixez par à-coups jusqu'à ce que la pâte forme
une boule ; enveloppez cette dernière dans du film alimentaire et réservez-la au frais pendant 3 heures.

Préchauffez le four à 180 °C (th. 6). Beurrez un
moule à tarte. Étalez la pâte sur le plan de travail
fariné, piquez-la de quelques coups de fourchette et
mettez-la dans le moule, côté piqué vers le fond.

Mettez le sucre, les amandes, la Maïzena, les œufs, la crème et le thé dans le bol du robot, puis mixez jusqu'à ce que vous obteniez une crème lisse. Versez-la dans le fond de tarte, enfournez et laissez cuire pendant 10 minutes. Baissez alors la température à 160 °C (th. 5-6) et prolongez la cuisson de 35 à 40 minutes. Laissez tiédir sur une grille avant de servir.

Tarte aux fraises, mascarpone à la vanille

Pour 6 à 8 personnes

Préparation 20 min **Cuisson** 20 min **Repos** 3 h

500 g de petites fraises parfumées ■ 250 g de mascarpone ■ 50 g de sucre glace ■ 1 cuil. à soupe de vanille en poudre ■ 50 g de gelée de groseille ■ ½ citron ■ beurre pour le moule
Pour la pâte : 220 g de farine ■ 125 g de beurre ■ 80 g de sucre glace ■ 40 g d'amandes en poudre ■ 1 œuf

*P*réparez la pâte au moins 3 heures à l'avance, et si possible la veille : mettez la farine, le beurre en morceaux, le sucre glace et les amandes en poudre dans le bol d'un robot, puis mixez jusqu'à ce que vous obteniez un mélange sableux ; ajoutez l'œuf entier et mixez par à-coups jusqu'à ce que la pâte forme une boule. Enveloppez-la de film alimentaire et mettez-la au frais pendant au moins 3 heures.

Préchauffez le four à 210 °C (th. 7). Beurrez un moule à tarte. Étalez la pâte au rouleau sur le plan de travail fariné, piquez-la de plusieurs coups de fourchette et mettez-la dans le moule, côté piqué en dessous. Enfournez et faites cuire la pâte à blanc pendant 10 minutes, puis réduisez la température du four à 180 °C (th. 6) et poursuivez la cuisson du fond de tarte durant 10 minutes.

Pendant ce temps, équeutez les fraises et mélangez le mascarpone avec le sucre glace et la vanille en poudre, en remuant avec une fourchette. Sortez le fond de tarte du four et laissez-le refroidir sur une grille.

Étalez délicatement la crème au mascarpone sur le fond de pâte et disposez les fraises dessus. Terminez en nappant ces dernières de gelée de groseille, préalablement chauffée pendant quelques instants sur feu doux avec le jus du demi-citron.

Il faut laisser reposer la pâte pendant au moins 3 heures pour que l'amidon contenu dans la farine ait le temps de gonfler, et qu'ainsi il ne se rétracte pas à la cuisson.

Tarte aux framboises, crème d'amandes

Pour 6 à 8 personnes

Préparation 20 min **Cuisson** 40 min **Repos** 30 min

500 g de framboises ■ ½ pot de gelée de groseille ■ ½ citron
Pour la pâte : 220 g de farine ■ 125 g de beurre froid ■ 80 g de sucre glace ■ 40 g d'amandes en poudre ■ 1 pincée de sel ■ 1 œuf ■ beurre pour le moule
Pour la crème : 100 g de beurre ■ 70 g de sucre ■ 70 g d'amandes en poudre ■ 1 cuil. à café de Maïzena ■ 1 œuf ■ 100 g de crème fraîche épaisse

*P*réparez la pâte : mettez la farine, le beurre coupé en morceaux, le sucre, les amandes et le sel dans le bol d'un robot, puis mixez jusqu'à ce que vous obteniez un mélange sableux ; ajoutez alors l'œuf entier et mixez par à-coups jusqu'à ce que la pâte forme une boule ; roulez-la dans du film alimentaire et mettez-la au frais pendant 30 minutes.

Préchauffez le four à 180 °C (th. 6). Beurrez un moule à tarte. Mettez tous les ingrédients de la crème dans le bol du robot et mixez jusqu'à ce que la crème soit lisse.

Étalez la pâte sur le plan de travail fariné, piquez-la de quelques coups de fourchette et mettez-la dans le moule. Posez dessus une feuille de papier sulfurisé et garnissez de haricots pour empêcher que la pâte ne gonfle. Enfournez et faites cuire à blanc pendant 20 minutes, puis ajoutez la crème d'amandes et prolongez la cuisson de 20 minutes. Démoulez alors la tarte sur une grille et laissez-la refroidir.

Dans une petite casserole posée sur feu doux, faites chauffer la gelée de groseille avec le jus du demi-citron en remuant sans cesse, puis retirez du feu. Disposez les framboises sur la tarte et nappez-les de gelée de groseille refroidie.

Tarte aux mirabelles

Pour 6 personnes

Préparation 30 min   **Cuisson** 45 min   **Repos** 2 h

1,5 kg de mirabelles ■ 50 g d'amandes en poudre ■ 50 g de sucre glace ■ 4 cuil. à soupe de sucre cristallisé ou de sucre roux ■ beurre et farine pour le moule
Pour la pâte : 220 g de farine ■ 60 g de sucre ■ 1 pincée de sel ■ 140 g de beurre mou ■ 2 jaunes d'œuf ■ 5 cuil. à soupe d'eau froide

*P*our confectionner la pâte, mettez la farine, le sucre, le sel et le beurre dans une jatte, puis malaxez du bout des doigts jusqu'à ce que vous obteniez un mélange sableux (si vous réalisez cette pâte à l'aide d'un robot, utilisez du beurre bien froid). Ajoutez les jaunes d'œuf et l'eau, pétrissez la pâte, roulez-la en boule et mettez-la au frais 2 heures durant.

Préchauffez le four à 210 °C (th. 7). Beurrez et farinez un moule à tarte. Dénoyautez les mirabelles. Mixez finement les amandes avec le sucre glace.

Étalez la pâte sur un plan de travail fariné, piquez-la de plusieurs coups de fourchette et mettez-la dans le moule, côté piqué vers le moule. Égalisez les bords, puis répartissez le mélange d'amandes et de sucre glace sur le fond de tarte, disposez les mirabelles dessus et saupoudrez ces dernières de sucre cristallisé.

Enfournez et laissez cuire pendant 15 minutes. Baissez la température du four à 180 °C (th. 6) et poursuivez la cuisson pendant 30 minutes encore. Démoulez sur une grille et servez tiède.

Tarte
aux noix de pécan

Pour 6 à 8 personnes

Préparation 20 min **Cuisson** 45 min **Repos** 2 h

3 œufs ■ 100 g de vergeoise blonde ■ 80 g de beurre fondu
■ 1 pincée de sel ■ 200 g de noix de pécan ■ beurre pour le moule
Pour la pâte : 250 g de farine ■ 1 pincée de sel ■ 150 g de beurre froid
■ 1 œuf ■ 6 cuil. à soupe d'eau

*P*réparez la pâte : mettez la farine, le sel et le beurre, préalablement détaillé en morceaux, dans le bol d'un
robot, puis mixez jusqu'à ce que le mélange soit
sableux ; ajoutez l'œuf et l'eau par la cheminée du
robot, et mixez par à-coups jusqu'à ce que la pâte forme
une boule. Enveloppez cette dernière dans du film alimentaire et réservez-la au frais pendant 2 heures.

Préchauffez le four à 180 °C (th. 6). Beurrez un
moule à tarte. Étalez la pâte sur le plan de travail
fariné et piquez-la de quelques coups de fourchette
avant de la mettre dans le moule. Mixez les œufs, le
sucre, le beurre fondu, le sel et la moitié des noix de
pécan, puis versez la préparation sur le fond de
tarte. Disposez le reste des noix dessus, enfournez et
laissez cuire pendant 45 minutes. Démoulez la tarte sur
une grille et servez-la tiède.

Tarte aux pamplemousses, crème d'amandes

Pour 6 à 8 personnes

Préparation 30 min **Cuisson** de 45 à 50 min **Repos** 1 h

50 g de beurre ■ 50 g de sucre ■ 50 g d'amandes en poudre ■ 1 œuf ■ 1 cuil. à soupe de rhum ambré ■ 2 pamplemousses roses
Pour la pâte : 250 g de farine ■ 125 g de sucre ■ 1 pincée de sel ■ 125 g de beurre ■ 1 jaune d'œuf ■ 3 cuil. à soupe d'eau ■ beurre pour le moule

*P*réparez la pâte : mettez la farine, le sucre, le sel et le beurre (détaillé en morceaux au préalable) dans le bol d'un robot, puis mixez jusqu'à ce que vous obteniez un mélange sableux ; ajoutez alors l'eau et le jaune d'œuf, et mixez par à-coups jusqu'à ce que la pâte forme une boule.

Beurrez un moule à tarte. Étalez la pâte sur le plan de travail fariné, piquez-la de plusieurs coups de fourchette et placez-la dans le moule, côté piqué vers le fond. Mettez le moule au frais pendant 1 heure.

Pour la crème, faites fondre le beurre doucement, ajoutez le sucre, les amandes, l'œuf et le rhum, et mélangez bien.

Pelez les pamplemousses à vif : retirez l'écorce avec un couteau-scie jusqu'à la chair, puis glissez le couteau le long des membranes qui séparent les quartiers afin de les ôter. Prélevez juste les quartiers de pulpe et déposez-les au fur et à mesure sur du papier absorbant. Préchauffez le four à 200 °C (th. 6-7).

Étalez la crème dans le fond de tarte et rangez les quartiers de pamplemousse par-dessus. Enfournez et laissez cuire pendant 10 minutes, puis réduisez la température à 180 °C (th. 6) et poursuivez la cuisson pendant 35 à 40 minutes. Démoulez sur une grille et servez tiède.

Tarte poires-amandes

Pour 6 à 8 personnes

Préparation 20 min **Cuisson** 45 min **Repos** 30 min

4 poires mûres ■ sucre cristallisé

Pour la pâte : 170 g de farine ■ 80 g de Maïzena ■ 1 pincée de sel ■ 1 cuil. à café de sucre ■ 180 g de beurre ■ 1 jaune d'œuf ■ 4 cuil. à soupe d'eau ■ 1 cuil. à soupe de vinaigre balsamique ■ beurre pour le moule

Pour la crème : 50 g de crème fraîche épaisse ■ 50 g de sucre glace ■ 50 g d'amandes en poudre ■ 1 œuf ■ 2 cuil. à café de Maïzena

*P*réparez la pâte : mélangez la farine, la Maïzena, le sel, le sucre et le beurre du bout des doigts ou avec un robot jusqu'à ce que le mélange soit sableux ; ajoutez le jaune d'œuf, l'eau et le vinaigre, puis formez une boule de pâte et mettez-la au frais pendant 30 minutes.

Préchauffez le four à 200 °C (th. 6-7). Beurrez un moule à tarte. Pelez les poires, coupez-les en quatre, retirez le cœur et les pépins, puis recoupez chaque quartier en trois. Mélangez dans un bol la crème fraîche, les amandes en poudre, la Maïzena, le sucre glace et l'œuf, en fouettant avec une fourchette.

Étalez la pâte sur le plan de travail fariné, piquez-la de plusieurs coups de fourchette et mettez-la dans le moule, côté piqué vers le fond. Disposez les lamelles de poire en rosace sur le fond de tarte, nappez avec la crème et parsemez de sucre cristallisé. Enfournez et laissez cuire pendant 45 minutes, puis démoulez sur une grille et laissez tiédir avant de déguster.

Tarte aux pommes, aux pruneaux et à l'armagnac

Pour 6 à 8 personnes

Préparation 30 min **Cuisson** 50 min **Repos** 3 h

3 pommes (Reinette du Canada si possible) ■ 40 g de beurre ■ 150 g de pruneaux moelleux dénoyautés ■ 4 cuil. à soupe d'armagnac ■ 2 œufs ■ 40 g de crème fraîche épaisse ■ 50 g de sucre roux ■ beurre pour le moule
Pour la pâte : 220 g de farine ■ 60 g de sucre glace ■ 1 pincée de sel ■ 125 g de beurre bien froid ■ 50 g d'amandes en poudre ■ 1 œuf

*C*oupez le beurre en morceaux et mettez-le avec la farine, le sucre, le sel et la poudre d'amandes dans le bol d'un robot, puis mixez jusqu'à ce que vous obteniez un mélange sableux. Ajoutez l'œuf entier par la cheminée du robot et mixez de nouveau, par à-coups cette fois, jusqu'à ce que la pâte forme une boule. Enveloppez-la de film alimentaire et réservez-la au frais pendant 3 heures.

Préchauffez le four à 180 °C (th. 6). Beurrez un moule à tarte rectangulaire. Coupez les pommes en quatre, retirez la peau, le cœur et les pépins, puis détaillez les quartiers en dés. Faites-les rissoler dans une poêle avec les 40 g de beurre, en remuant souvent, pendant 10 minutes environ.

Mélangez la crème avec 1 œuf et 30 g de sucre. Coupez les pruneaux en quatre et ajoutez-les aux dés de pomme, puis retirez les fruits de la poêle et déglacez cette dernière avec l'armagnac sur feu vif. Remettez alors les fruits dans la poêle et réservez hors du feu.

Étalez la pâte sur un plan de travail fariné, piquez-la de plusieurs coups de fourchette et mettez-la dans le moule, côté piqué vers le fond. Rassemblez les chutes de pâte de façon à former une boule ; étalez cette dernière et découpez dedans des bandes de pâte assez fines pour le décor.

Versez le mélange de crème, d'œuf et de sucre dans la poêle, sur les fruits, puis reversez l'ensemble dans le fond de tarte. Disposez par-dessus les bandes de pâte en formant des croisillons, que vous badigeonnerez avec l'œuf restant battu et que vous saupoudrerez du reste de sucre roux.

Enfournez la tarte et laissez-la cuire pendant 40 minutes, puis démoulez-la sur une grille et servez-la tiède. Il est bien entendu possible de réaliser cette tarte dans un moule rond.

Tarte aux pommes paysanne

Pour 6 à 8 personnes

Préparation 20 min   **Cuisson** 1 h   **Repos** 3 h

3 ou 4 pommes ▪ 1 œuf ▪ 80 g de crème fraîche épaisse ▪ 60 g de sucre ▪ 4 cuil. à soupe de sucre cristallisé

Pour la pâte : 220 g de farine ▪ 140 g de beurre ▪ 60 g de sucre ▪ 1 pincée de sel ▪ 2 jaunes d'œuf ▪ 5 cuil. à soupe d'eau ▪ beurre pour la cuisson

*P*réparez la pâte : mettez la farine, le beurre coupé en morceaux, le sucre et le sel dans le bol d'un robot, et mixez par à-coups jusqu'à ce que vous obteniez un mélange sableux ; ajoutez alors les jaunes d'œuf et l'eau par la cheminée du robot, puis mixez à nouveau jusqu'à ce que la pâte forme une boule.

Entourez la boule de pâte de film alimentaire et réservez-la au frais pendant 3 heures (ou pendant 30 minutes dans le congélateur).

Préchauffez alors le four à 200 °C (th. 6-7). Beurrez un moule à tarte. Pelez les pommes, coupez-les en quatre, retirez le cœur et les pépins, puis détaillez les quartiers en lamelles. Étalez la pâte sur le plan de travail fariné, piquez-la de plusieurs coups de fourchette et placez le côté piqué vers le fond du moule. Disposez les lamelles de pomme sur la pâte.

Battez l'œuf entier, la crème et le sucre à la fourchette, et versez cette préparation sur les pommes. Saupoudrez de sucre cristallisé, enfournez et laissez cuire pendant 10 minutes, puis baissez la température à 180 °C (th. 6) et poursuivez la cuisson pendant 45 à 50 minutes. Servez tiède ou froid.

Mon conseil Choisissez des pommes comme la reine de reinettes ou la granny smith.

Tarte fine pommes-cannelle

Pour 6 personnes

Préparation 15 min **Cuisson** 20 min **Repos** 3 h

3 pommes ▪ 50 g de beurre ▪ 50 g de sucre ▪ 1 cuil. à café de cannelle
▪ beurre pour la cuisson
Pour la pâte : 125 g de farine ▪ 100 g de beurre au sel de Guérande
▪ 2 pincées de sucre ▪ 1 petit œuf ▪ 1 cuil. à soupe de crème liquide

*M*ettez la farine, le beurre et le sucre dans le bol d'un robot, puis mixez jusqu'à obtenir un mélange sableux ; ajoutez l'œuf et la crème, et mixez par à-coups jusqu'à ce que la pâte se mette en boule ; farinez-la, enveloppez-la dans du film alimentaire et réservez-la au frais 3 heures.

Préchauffez le four à 240 °C (th. 8). Beurrez une feuille de papier sulfurisé et posez-la sur la plaque du four (préalablement sortie de ce dernier). Étalez la pâte en disque sur le plan de travail fariné, piquez-la de plusieurs coups de fourchette et posez-la sur le papier sulfurisé.

Pelez les pommes et retirez-leur le cœur et les pépins, puis émincez-les finement au robot ou à la main. Faites fondre le beurre et le sucre au four à micro-ondes ou au bain-marie, ajoutez la cannelle et mélangez bien.

Répartissez les lamelles de pomme bien à plat sur le fond de tarte et arrosez-les avec le mélange précédent. Enfournez et baissez aussitôt la température à 210 °C (th. 7), puis laissez cuire pendant 15 à 20 minutes. Servez tiède, avec de la crème fraîche épaisse.

Tarte aux quetsches

Pour 6 à 8 personnes

Préparation 15 min **Cuisson** 55 min **Repos** 3 h

50 g de beurre mou ■ 50 g d'amandes en poudre ■ 50 g de sucre ■ 50 g de crème fraîche ■ 1 petit œuf ■ 1,2 kg de quetsches ■ sucre cristallisé ■ beurre pour le moule
Pour la pâte : 220 g de farine ■ 60 g de sucre ■ 1 pincée de sel ■ 140 g de beurre ■ 2 jaunes d'œuf ■ 5 cuil. à soupe d'eau froide

*P*réparez la pâte : mettez la farine, le sucre, le sel et le beurre, détaillé en morceaux, dans le bol d'un robot, puis mixez vivement jusqu'à ce que le mélange soit sableux ; ajoutez les jaunes d'œuf et l'eau, en mixant par à-coups jusqu'à ce que la pâte forme une boule ; enveloppez celle-ci de film alimentaire et réservez-la au frais pendant 3 heures.

Préchauffez le four à 200 °C (th. 6-7). Beurrez un moule à tarte. Lavez les quetsches, essuyez-les, ouvrez-les en deux et retirez les noyaux, puis recoupez chaque moitié en deux. Mettez le beurre, les amandes, le sucre, la crème et l'œuf dans le bol du robot, et mixez à grande vitesse jusqu'à ce que le mélange soit lisse.

Étalez la pâte sur le plan de travail fariné, piquez-la de plusieurs coups de fourchette et déposez-la dans le moule, côté piqué vers le fond. Passez ensuite le rouleau tout autour pour couper le surplus de pâte.

Versez la crème sur le fond de tarte et étalez-la avec le dos d'une cuillère. Disposez les quartiers de fruit dessus, côté chair vers le haut, et saupoudrez-les de sucre cristallisé. Enfournez et laissez cuire pendant 55 minutes environ, en baissant éventuellement la température à 180 °C (th. 6) à mi-cuisson. Laissez tiédir sur une grille avant de déguster.

Mon conseil

On peut faire cuire les prunes sans la crème d'amandes : il faut alors saupoudrer le fond de tarte de 50 g d'amandes mixées avec 50 g de sucre glace pour que le jus des fruits ne détrempe pas la pâte.

Tarte banane-noix de coco

Pour 6 personnes

Préparation 30 min **Cuisson** 40 min **Repos** 3 h

6 bananes ■ 60 g de sucre roux ■ 2 œufs ■ 10 cl de crème liquide ■ 50 g de noix de coco ■ 2 cuil. à soupe de rhum ambré ■ beurre pour le moule
Pour la pâte : 200 g de farine ■ 110 g de beurre bien froid ■ 50 g de noix de coco râpée ■ 85 g de sucre glace ■ 1 œuf

Mettez la farine, le beurre, la noix de coco et le sucre glace dans le bol d'un robot, et mixez jusqu'à ce que le mélange soit sableux. Ajoutez l'œuf entier par la cheminée du robot et mixez de nouveau, par à-coups cette fois, jusqu'à ce que la pâte forme une boule. Enroulez cette dernière dans du film alimentaire et réservez-la au frais pendant 3 heures.

Préchauffez le four à 200 °C (th. 6-7). Beurrez un moule à tarte. Mélangez le sucre roux, les œufs entiers, la crème, la noix de coco et le rhum. Étalez la pâte sur un plan de travail fariné, piquez-la de plusieurs coups de fourchette et mettez-la dans le moule côté piqué vers le fond. Pelez les bananes, coupez-les en rondelles et répartissez-les dans le fond de tarte, puis versez le mélange à la crème par-dessus.

Enfournez et laissez cuire pendant 20 minutes, puis baissez la température à 180 °C (th. 6) et prolongez la cuisson de 20 minutes environ. Démoulez la tarte sur une grille et servez-la tiède.

Tarte Tatin

Pour 6 à 8 personnes

Préparation 20 min **Cuisson** de 40 à 50 min

8 à 10 pommes (boskoop, de préférence) ■ 100 g de beurre ■ 80 g de sucre ■ 250 g de pâte feuilletée commandée chez le pâtissier

*P*réchauffez le four à 180 °C (th. 6). Pelez les pommes, coupez-les en quatre, retirez le cœur et les pépins, puis recoupez chaque quartier en deux.

Détaillez le beurre en petits morceaux, mettez-le dans un moule allant sur le feu, ajoutez le sucre et disposez les pommes par-dessus. Portez le moule sur feu assez vif et faites caraméliser les pommes pendant environ 10 minutes, en secouant de temps en temps. Vous pouvez réaliser cette opération dans une poêle et transvaser ensuite l'ensemble dans le moule.

Étalez la pâte feuilletée sur le plan de travail fariné, piquez-la de quelques coups de fourchette et posez-la sur les pommes, en rentrant les bords pour ajuster la pâte à la dimension du moule. Enfournez et laissez cuire pendant 30 à 40 minutes.

À l'issue de la cuisson, retirez la tarte du four, laissez-la tiédir un peu et démoulez-la sur le plat de service choisi. Accompagnez de crème fraîche épaisse ou de crème anglaise.

Mon conseil

À la maison, nous mélangeons 100 g de beurre mou avec 80 g de farine, 1 pincée de sel et 4 cuillerées à soupe d'eau froide ; une fois la pâte en boule, laissez-la reposer au frais pendant 30 minutes avant de l'étaler.

Tarte Tatin aux coings

Pour 6 à 8 personnes

Préparation 30 min **Cuisson** 1 h

5 coings ■ 1 clou de girofle ■ 50 cl de muscat des Beaumes-de-Venise ■ 1 litre d'eau ■ 200 g de sucre ■ 1 gousse de vanille ■ ½ citron ■ 200 g de pâte feuilletée commandée chez le pâtissier ■ farine pour le plan de travail

Pour le caramel : 80 g de beurre ■ 120 g de sucre

*M*ettez le vin, l'eau, le clou de girofle, le sucre, la gousse de vanille (préalablement coupée en deux dans le sens de la longueur) et le jus du demi-citron dans une grande casserole sur feu vif. Coupez les coings en deux, pelez-les et faites-les pocher dans le sirop pendant 30 minutes. Préchauffez le four à 180 °C (th. 6).

Préparez le caramel : faites cuire le beurre et le sucre sur feu vif, mouillez avec un peu de sirop de cuisson des coings et, lorsque vous obtenez de gros bouillons colorés, retirez du feu et versez dans un moule à manqué.

Abaissez la pâte feuilletée sur le plan de travail fariné. Égouttez les coings et laissez-les tiédir, puis recoupez-les en deux et retirez le cœur et les pépins.

Posez les quartiers de coing bien serrés les uns contre les autres dans le moule, côté bombé sur le caramel. Recouvrez-les de la pâte feuilletée, piquez cette dernière de plusieurs coups de fourchette et rabattez les bords à l'intérieur. Enfournez et laissez cuire pendant 30 minutes.

À l'issue de la cuisson, attendez 5 minutes avant de démouler la tarte, en la retournant sur le plat de service choisi, et servez-la accompagnée de crème fraîche épaisse.

Mon conseil Vous pouvez aussi faire revenir les coings cuits et coupés en quatre dans un caramel au beurre fait avec 100 g de sucre et 60 g de beurre, comme dans la recette traditionnelle.

Tartelettes au citron

Pour 6 à 8 personnes

Préparation 30 min **Cuisson** 25 min **Repos** 3 h

3 citrons non traités ■ 240 g de sucre ■ 120 g de beurre ■ 1 cuil. à soupe rase de Maïzena ■ 4 œufs ■ beurre pour la cuisson
Pour la pâte : 220 g de farine ■ 125 g de beurre froid ■ 80 g de sucre glace ■ 40 g d'amandes en poudre ■ 1 œuf

Préparez la pâte : mettez la farine, le beurre en morceaux, le sucre glace et les amandes dans le bol d'un robot, puis mixez à grande vitesse jusqu'à ce que vous obteniez un mélange sableux ; ajoutez l'œuf par la cheminée du robot et mixez par à-coups jusqu'à ce que la pâte forme une boule. Enveloppez

cette dernière de film alimentaire et réservez au frais pendant 3 heures.

Brossez 1 citron sous l'eau chaude, essuyez-le et râpez son zeste. Pressez les 3 citrons, de façon à obtenir 12 cl de jus (120 g). Battez les œufs entiers avec le sucre et la Maïzena. Faites fondre le beurre dans une casserole à fond épais, ajoutez les œufs battus, le jus et le zeste de citron, puis laissez épaissir sur feu doux en remuant sans cesse pendant 10 minutes environ. Retirez du feu et laissez tiédir.

Préchauffez le four à 210 °C (th. 7). Beurrez des moules à tartelette ou utilisez des moules en silicone (de type Flexipan), qui ne se beurrent pas.

Étalez la pâte sur le plan de travail fariné, piquez-la de plusieurs coups de fourchette et découpez des disques pour les petits moules à l'aide d'un bol retourné. Mettez ces derniers dans les moules, côté piqué en dessous.

Enfournez et laissez cuire pendant 10 minutes, puis baissez la température à 180 °C (th. 6) et poursuivez la cuisson pendant encore 5 minutes. Versez la crème au citron tiède dans les moules, et réservez au frais jusqu'au moment de servir.

Mon conseil

Si vous préférez faire une grande tarte, procédez de la même façon que pour les tartelettes, mais prolongez de 10 minutes la deuxième partie de la cuisson, celle où la température du four est réglée sur 180 °C.

Tartelettes au fromage blanc

Pour 8 personnes

Préparation 20 min **Cuisson** 45 min **Repos** 3 h

400 g de fromage frais (de type saint-florentin) ▪ 4 œufs ▪ 160 g de sucre en poudre ▪ 100 g de raisins secs blonds ▪ 2 cuil. à soupe de rhum ambré ▪ 20 cl de lait ▪ 2 cuil. à soupe de Maïzena (40 g) ▪ 1 cuil. à soupe de farine (20 g) ▪ 1 citron non traité ▪ 1 cuil. à soupe de sucre glace ▪ beurre pour les moules
Pour la pâte : 250 g de farine ▪ 1 cuil. à café de sucre ▪ 1 pincée de sel ▪ 150 g de beurre ▪ 1 œuf ▪ 6 cuil. à soupe de lait

*P*réparez la pâte : mettez la farine, le sucre, le sel et le beurre, préalablement coupé en morceaux, dans le bol d'un robot, puis mixez jusqu'à ce que vous obteniez un mélange sableux ; ajoutez alors l'œuf entier et le lait, et mixez par à-coups jusqu'à ce que la pâte forme une boule. Enveloppez celle-ci de film alimentaire et mettez-la au frais pendant 3 heures (ou dans le congélateur pendant 30 minutes).

Beurrez huit moules individuels ou utilisez une plaque de cuisson pour muffins en silicone (de type Flexipan). Brossez le citron sous l'eau chaude, essuyez-le et râpez finement son zeste. Faites bouillir les raisins avec 4 cuillerées à soupe d'eau et le rhum jusqu'à ce que le liquide se soit évaporé ; mettez hors du feu et réservez.

Fouettez les œufs avec le sucre, ajoutez la Maïzena, la farine, le fromage blanc et le lait, puis les

raisins et le zeste de citron, en remuant jusqu'à ce que la préparation soit lisse.

Préchauffez le four à 180 °C (th. 6). Étalez la pâte sur le plan de travail fariné, découpez huit disques à l'aide d'un bol retourné, piquez-les de plusieurs coups de fourchette et mettez-les dans les moules. Répartissez la préparation au fromage blanc dans les fonds de pâte, enfournez et laissez cuire pendant 45 minutes environ.

À l'issue de la cuisson, démoulez les tartelettes, laissez-les tiédir sur une grille et saupoudrez-les de sucre glace avant de les servir.

Mon conseil

Il est tout à fait possible de confectionner une grande tarte avec les mêmes ingrédients. Une seule différence en ce cas : prévoyez environ 15 minutes de cuisson supplémentaires.

Tiramisu

Pour 6 à 8 personnes

Préparation 10 min **Réfrigération** 4 h

6 œufs ▪ 180 g de sucre glace ▪ 500 g de mascarpone ▪ 4 cuil. à soupe de marsala ▪ 24 biscuits à la cuillère ▪ 25 cl de café fort ▪ cacao en poudre

*C*assez les œufs et séparez les jaunes des blancs. Mettez les jaunes et le sucre dans une jatte, fouettez jusqu'à ce que le mélange blanchisse, puis incorporez le mascarpone et le marsala, en fouettant toujours.

Battez les blancs en neige ferme et mélangez-les délicatement à la préparation précédente, en soulevant la masse avec une spatule souple.

Trempez la moitié des biscuits dans le café, disposez-les au fur et à mesure dans un joli plat (ce sera le plat de service) et étalez dessus une couche de crème. Recommencez cette opération avec le reste des biscuits, puis terminez avec une couche de crème.

Lissez la surface avec une spatule, couvrez d'un film alimentaire et réservez au frais pendant au moins 4 heures. Au moment de servir, retirez le film et saupoudrez la surface du tiramisu de cacao.

Mon conseil

C'est le dessert idéal que l'on peut préparer 48 heures à l'avance ; il ne reste qu'à le saupoudrer de cacao au dernier moment.

Tourte aux myrtilles

Pour 6 à 8 personnes

Préparation 15 min **Cuisson** 50 min

750 g de myrtilles ▪ 40 g de farine ▪ 150 g de sucre cristallisé ▪ 20 g de beurre ▪ 1 œuf ▪ 4 cuil. à soupe de crème liquide ▪ beurre pour la tourtière ▪ crème fraîche (facultatif)
Pour la pâte : 250 g de farine ▪ 200 g de beurre froid ▪ 2 pincées de sel ▪ 1 cuil. à café de sucre cristallisé ▪ 8 cuil. à soupe d'eau froide

*P*réchauffez le four à 190 °C (th. 6-7) et beurrez une tourtière.

Préparez la pâte : mettez la farine, le beurre coupé en morceaux, le sel et le sucre dans le bol d'un robot et mixez à grande vitesse jusqu'à ce que vous obteniez un mélange sableux ; versez alors l'eau froide par la cheminée du robot, puis mixez par à-coups jusqu'à ce que la pâte forme une boule.

Étalez la pâte sur le plan de travail fariné, piquez-la de plusieurs coups de fourchette et mettez-la dans la tourtière. Réservez cette dernière au frais, avec le reste de pâte.

Lavez et égouttez les myrtilles. Mettez-les dans une jatte, saupoudrez-les de farine et de sucre, puis remuez délicatement pour bien les enrober. Répartissez les myrtilles dans la tourtière et parsemez-les de noisettes de beurre.

Abaissez le reste de pâte en un disque de diamètre légèrement supérieur à celui de la tourtière, piquez-le de coups de fourchette et posez-le sur la tourte. Mouillez le bord du disque et celui de la tourte avec un peu d'eau, puis pincez-les pour qu'ils adhèrent bien l'un à l'autre. Faites un petit trou au centre de la tourte, qui servira de cheminée. Battez l'œuf, incorporez la crème et badigeonnez de ce mélange le couvercle de pâte.

Faites cuire dans le four pendant 25 minutes, puis baissez la température à 180 °C (th. 6) et poursuivez la cuisson pendant encore 25 minutes. Servez tiède ou froid, avec un peu de crème fraîche épaisse.

Tranches d'ananas rôties à la vanille

Pour 6 personnes

Préparation 30 min (la veille) **Cuisson** 1 h 10

1 ananas de Côte-d'Ivoire ■ 25 cl d'eau ■ 125 g de sucre ■ 2 gousses de vanille ■ 1 noix de gingembre frais ■ 3 graines de piment de la Jamaïque ■ 2 cuil. à soupe de rhum ambré

$\mathcal{L}$a veille, préparez le sirop : versez l'eau dans une casserole, ajoutez le sucre et faites bouillir pendant 10 minutes sur feu vif ; ajoutez ensuite les gousses de vanille — préalablement fendues en deux dans le sens de la longueur et grattées —, le gingembre et les graines de piment, grossièrement concassées. Couvrez et laissez refroidir, puis ajoutez le rhum et réservez.

Le jour même, préchauffez le four à 230 °C (th. 7-8). Filtrez le sirop à l'aide d'une passoire. Pelez l'ananas, retirez les yeux et coupez-le en tranches. Disposez ces dernières dans un plat allant au four, puis arrosez-les de sirop.

Enfournez et laissez cuire les tranches d'ananas pendant 1 heure, en les retournant régulièrement pour qu'elles soient bien imbibées de sirop (réduisez un peu la température du four si le sirop s'évapore trop vite). Servez tiède, avec une belle boule de glace à la vanille, à la noix de coco ou aux fruits de la passion.

Mon conseil

Vous pouvez servir des ananas victoria, plus sucrés et plus parfumés ; comptez dans ce cas 1 ananas par personne, et multipliez par deux les quantités pour le sirop.

Truffes au chocolat et au rhum

Pour 25 truffes environ

Préparation 20 min **Cuisson** 3 min **Réfrigération** 12 h

200 g de chocolat noir ▪ 100 g de beurre ▪ 90 g de sucre glace ▪ 100 g de crème fraîche épaisse ▪ 3 cuil. à soupe de rhum ambré ▪ 50 g de cacao en poudre non sucré

*F*aites fondre le chocolat et le beurre, préalablement coupés en petits morceaux, au four à micro-ondes ou au bain-marie pendant 3 minutes environ. Remuez doucement avec un fouet pour lisser la préparation, incorporez la crème fraîche et le sucre glace, puis laissez tiédir.

Ajoutez alors le rhum, mélangez bien, couvrez d'un film alimentaire et mettez au frais pendant 12 heures.

Façonnez les truffes à l'aide de deux petites cuillères, roulez-les dans le cacao et réservez-les au frais jusqu'au moment de servir.

Mon conseil
Remplacez le rhum par du kirsch et mélangez à la préparation 100 g de loukoums à la rose coupés en petits dés.

Truffes aux fruits secs

Pour 25 truffes environ

Préparation 15 min

150 g d'abricots secs moelleux ■ 100 g de noix ■ 100 g d'amandes ■ 50 g de pistaches ■ 1 orange non traitée ■ sucre glace

*B*rossez l'orange sous l'eau chaude, essuyez-la et râpez un quart de son zeste. Mettez les abricots, les noix, les amandes, les pistaches et le zeste d'orange dans le bol d'un robot, puis mixez jusqu'à ce que vous obteniez une pâte compacte.

Façonnez des petites boules en roulant la valeur d'une cuillerée à café de pâte entre vos mains. Passez les truffes dans le sucre glace au fur et à mesure de leur confection, puis déposez-les dans des petites caissettes en papier.

 Mon conseil Vous pouvez remplacer le zeste d'orange par 30 g d'aiguillettes d'orange confites ; le goût sera plus marqué.

Truffes
aux pistaches

Pour 35 truffes environ

Préparation 20 min   **Cuisson** 2 min   **Réfrigération** 12 h

250 g de chocolat noir ▪ 180 g de crème fraîche ▪ 20 g de beurre
▪ 50 g de pistaches mondées non salées

*H*achez le chocolat avec un grand couteau et mettez-le dans une jatte. Faites bouillir la crème dans une petite casserole et versez-la sur le chocolat, puis remuez au fouet jusqu'à ce que le chocolat soit fondu, et la préparation bien lisse. Incorporez alors le beurre, laissez refroidir et réservez au frais pendant 12 heures.

Réduisez les pistaches en poudre à l'aide d'une Moulinette électrique. Façonnez des truffes en prélevant le chocolat à l'aide de deux petites cuillères, roulez-les dans la poudre de pistaches et réservez-les au frais. Elles se conserveront ainsi pendant 3 jours.

Mon conseil

N'hésitez pas à ajouter dans la préparation 3 ou 4 pincées de fleur de sel pour rehausser le goût du chocolat.

Tuiles à l'orange

Pour 25 tuiles environ

Préparation 10 min **Cuisson** de 4 à 5 min par fournée

180 g de sucre ■ 80 g de farine ■ 100 g de beurre fondu ■ 1 orange ■ 2 cuil. à soupe d'amandes effilées

*P*réchauffez le four à 180 °C (th. 6).

Brossez l'orange sous l'eau chaude et essuyez-la, puis râpez un quart de son zeste et pressez-la pour recueillir son jus. Dans une jatte, mélangez le jus et le zeste d'orange, le sucre, la farine, le beurre fondu refroidi et les amandes effilées.

Utilisez une toile de cuisson en silicone (de type Flexipan), qui n'attache pas. Mettez-la sur la plaque du four et déposez dessus des petits tas de pâte (six au maximum par fournée), que vous étalerez en disque du bout des doigts. Enfournez et laissez cuire pendant 4 à 5 minutes.

Dès que les tuiles sont cuites, ouvrez la porte du four et sortez-les une à une (elles durcissent très vite), puis posez-les sur un rouleau à pâtisserie pour leur donner leur forme.

Mon conseil Prélevez du bout des doigts la valeur d'une cuillerée à soupe de pâte, posez-la sur la plaque de cuisson et étalez-la finement du bout des doigts en formant un disque.

Tuiles aux amandes

Pour 30 tuiles environ

Préparation 5 min **Cuisson** 8 min par fournée

3 blancs d'œuf (110 g) ▪ 200 g d'amandes en poudre ▪ 180 g de sucre ▪ 30 g de farine ▪ 40 g de beurre

*P*réchauffez le four à 210 °C (th. 7). Faites fondre le beurre au four à micro-ondes ou au bain-marie. Battez légèrement les blancs d'œuf pour les faire mousser.

Tamisez les amandes, le sucre et la farine au-dessus des blancs, mélangez et ajoutez le beurre fondu, en remuant. Étalez la pâte du bout des doigts sur la plaque du four un peu humidifiée ou sur une toile de cuisson en silicone (de type Flexipan), en formant huit disques de 10 cm de diamètre environ.

Enfournez les tuiles et laissez-les cuire pendant 8 minutes, puis décollez-les avec une spatule métallique sans sortir la plaque du four (elles durcissent aussitôt au contact de l'air froid) et posez-les sur un rouleau à pâtisserie pour leur donner leur forme. Répétez cette opération jusqu'à épuisement de la pâte.

Mon conseil

Si vous les rangez à l'abri de l'humidité, dans une boîte en fer hermétique par exemple, ces tuiles se conserveront pendant quelques jours.

Tuiles aux noix

Pour 20 tuiles environ

Préparation 5 min   **Cuisson** de 8 à 10 min par fournée
2 blancs d'œuf ■ 50 g de sucre ■ 50 g de beurre ■ 50 g de farine
■ 40 g de cerneaux de noix ■ beurre pour la cuisson

*P*réchauffez le four à 180 °C (th. 6). Beurrez deux plaques à pâtisserie, l'idéal étant d'utiliser une toile de cuisson en silicone (de type Flexipan), qui ne nécessite pas de matières grasses. Faites fondre le beurre au bain-marie ou au four à micro-ondes.

Fouettez légèrement les blancs d'œuf et le sucre pour les faire mousser. Ajoutez le beurre fondu, la farine et les cerneaux de noix grossièrement concassés, puis mélangez jusqu'à ce que vous obteniez une pâte souple.

Déposez la valeur d'une cuillerée à soupe de pâte sur la plaque, étalez-la en formant un disque avec le dos de la cuillère ou du bout des doigts, et recommencez cinq fois, de façon à avoir six tuiles espacées les unes des autres.

Enfournez et comptez de 8 à 10 minutes de cuisson, puis retirez les tuiles à l'aide d'une spatule sans sortir la plaque de four (elles durcissent très vite à l'air) et placez-les aussitôt sur un rouleau à pâtisserie pour leur donner leur forme incurvée.

Faites une autre fournée de six tuiles, et procédez ainsi jusqu'à épuisement des ingrédients.

Index alphabétique

239

Table des matières

Crèmes, flans et clafoutis

Entremets et desserts aux fruits

246

Cakes, gâteaux et desserts glacés

Tartes et tartelettes

Biscuits et petits goûters

Confiserie, petit-fours et confitures

Marie Leteuré tient à remercier :

• Sylvie Gille-Naves, Jean-Louis Clément, Yannick Lefort
et Martine Vincent pour leur aide fidèle ;

• ses amis, qui lui ont confié des petites recettes par-ci par-là ;

• Marcel Liotier, qui, par correspondance,
vous procure toutes les épices du monde, et surtout sa délicieuse vanille
(tél. : 05 57 40 70 10) ;

• les moules Flexipan (tél. : 0 810 820 220) ;

• Kitchen Aid pour ses robots (tél. : 06 60 63 05 90) ;

• Comptoir de famille (tél. : 04 74 83 56 66),
Alexandre Turpault (tél. : 02 41 56 57 70),
Palais Royal-Jaune de Chrome (tél. : 02 38 39 35 29),
Au petit bonheur la chance (tél. : 01 42 74 36 38),
Facteur céleste (tél. : 01 42 77 12 46),
Cuisinophilie (tél. : 01 40 29 07 32),
Angel des montagnes (tél. : 04 50 83 04 63)
et Alessi (tél. : 01 42 66 14 61)
pour le prêt des accessoires et des textiles

Photogravure Point 4

Achevé d'imprimer en Espagne par Gráficas Estella, S.A.
Dépôt légal Éditeur: 58721-5/2005
Édition 01
Librairie Générale Française - 31, rue de Fleurus - 75278 Paris Cedex 06
I.S.B.N.: 2-253-13044-3